U0688307

微文化背景下大学生
思想政治教育探究

贾德威◎著

中国出版集团 | 全国百佳图书
中国民主法制出版社 | 出版单位

图书在版编目（CIP）数据

微文化背景下大学生思想政治教育探究 / 贾德威
. —北京：中国民主法制出版社，2023.8
ISBN 978-7-5162-3334-4

Ⅰ . ①微… Ⅱ .①贾… Ⅲ .①大学生 – 思想政治教育
– 研究 – 中国 Ⅳ .① G641

中国国家版本馆 CIP 数据核字（2023）第 147645 号

图书出品人：刘海涛
出 版 统 筹：石　松
责 任 编 辑：刘险涛

书　　　名 / 微文化背景下大学生思想政治教育探究
作　　　者 / 贾德威　著

出版·发行 / 中国民主法制出版社
地址 / 北京市丰台区右安门外玉林里 7 号（100069）
电话 /（010）63055259（总编室）　63058068　63057714（营销中心）
传真 /（010）63055259
http: // www.npcpub.com
E-mail: mzfz@npcpub.com
经销 / 新华书店
开本 / 16 开　　787 毫米 ×1092 毫米
印张 / 11.125　**字数** / 215 千字
版本 / 2024 年 5 月第 1 版　　2024 年 5 月第 1 次印刷
印刷 / 廊坊市源鹏印务有限公司

书号 / 978-7-5162-3334-4
定价 / 68.00 元
出版声明 / 版权所有，侵权必究。

F 前言
FOREWORD

随着信息技术的快速发展，微博、微信、微网站等"微介质"兴起，微语录、微视频、微小说等"微内容"盛行，微表达、微阅读深受青年学生的喜爱，大学生的学习和生活受到"微文化"的深刻影响，信息传播多样化、思想意识多元化的"微时代"已经来临。

"微文化"潜移默化地改变着大学生的生活和行为。微媒介因其信息便捷、快速、精练等特征吸引了大批追随者和使用者，思想政治教育的舆论阵地随之改变，这对思想政治教育来说，既是机遇也是挑战。我国处于社会转型时期，多样化的价值观并存的现状对高校思想政治工作提出了新的要求，跟随"微时代"的潮流势在必行。我们需要抓住"微时代"的特点，针对高校思想政治工作中存在的问题，找到切实可行的对策，构建"微时代"思想政治教育的新模式，打开思想政治教育的新局面，坚持社会主义核心价值体系，要树立"微意识"，采取"微行动"，搭建思想政治教育平台，改进思想政治教育方法，丰富思想政治教育内容，净化思想政治教育环境，建立平等、自由、民主、和谐的对话模式，把思想政治教育由课堂走向课下，由网外带到网内，由单一引为双向，由枯燥变成多彩，真正提高思想政治教育的有效性。

本书共分为八章。其中，第一章阐述了微文化时代下，思想政治教育面临的新情况以及大学生应当承担的责任，并预测了微文化时代思想政治教育的发展方向；第二章论述了微文化背景下大学生思想政治教育的新发展，包括微文化对大学生思想政治教育的影响以及微文化背景下大学生思想政治教育的新特点等；第三章主要讨论了微文化背景下大学生思想政治教育的理论基础和知识借鉴；第四章对微文化背景下大学生思想政治教育的教学理念和原则指导进行了研究；第五章讨论了微文化背景下大学生思想政治教育的课堂教学问题，包括教学方法的运用以及教学考评体系的构建等；第六章讨论了微文化背景下大学生思想政治教育的实践路径，包括校园文化、社会实践、组织建设等；第七章对依托互联网开拓大学生思想政治教育平台进行了研究，包括教育主题网站、微博平台等，并强调要发挥网络舆论在思想政治教育中的领袖作用；第八章提出要利用即时通信技术拓展大学生思想教育新载体，为微文化背景下大学生思想政治教育的发展开辟新渠道。

本书在写作过程中参考了众多专家学者的最新研究成果，在此表示诚挚的感谢。由于时间和精力的限制，本书的内容可能会存在疏漏，恳请广大读者予以指正，以便使本书不断完善。

作　者

2022 年 10 月

C目录
CONTENTS

第一章

微文化时代的到来

第一节 微文化时代的内涵及特点

一、微文化时代的内涵

"微文化时代"即以微博、微信作为传播媒介代表，以短小精练作为文化传播特征的时代，"微文化时代"信息的传播速度更快、传播的内容更具冲击力和震撼力。微博、微信、微电影、微传播、微支付、微纪录片等的突然爆发，使得信息传播具有了流动性、瞬时性以及扁平化等特点，传播内容的迷你化使得信息更加具有冲击力，信息的发布者有了更加便利的信息传播渠道，受者接受信息也更加及时。"微文化时代"除了拥有书籍、杂志、报纸、广播、计算机、电视机、录像机、电话机、传真机、照相机等传统媒介的优点，是各种传统媒介性能的综合体；还因短小、精练的主要特点，最大范围、最方便快捷、最省钱省力地传播各类信息；运用音频、视频、文字、图像等手段"交互式"地进行网络传播，既不同于"点对点"的人际传播，也区别于"点对面"的大众传播，是一种伟大的尝试和创造。

微文化时代使得每个人在信息传播活动中实现了决策参与，进而成为传播活动的主体，使得传播的明星效应和长尾效应愈加显著地呈现。微文化时代的到来使受众的个性、身份，鲜明的特点逐一呈现，信息传播活动中的传者和受者差别化更加模糊。这种细化是对个体自身的充分认可和重视，社会成员的需求变得更加多样化，随之信息产品也呈现出多样性的特点，其对信息产品的形态以及增值服务方式的改进有着极大的促进作用。

"微文化时代"的到来，增强了信息传播的速度和强度。"若想知道中国正在发生什么，请上微博。"从微博、微信到微电影，"微"字在近两年大行其道，人们一切可以被利用的零碎时间都被充分加以利用，人们的生活方式以及信息的传播方式悄然间发生着巨大变化。它满足了人们在日益加快的生活、工作节奏中获取更多信息的需求。不仅如此，现在"微"字几乎具有"全民参与"的广泛性，很多人的生活已离不开"微"字，评微博、聊微信、看微电影和微小说等等"微"生活方式已成为很多人的日常习惯。但"微事物"在带来便利和别样体验的同时，也使人变得浮躁和难以深入思考，生活节奏更加快速，浮躁的社会氛围更加浓厚。这是"微"时代的你我应该极力关注和探讨的课题。

微文化时代的到来，为公共监督提供了平台和助力。微博从 2010 年开始进入快速发展阶段。很多社会热点，如北京冬奥会、神州十四号成功发射、重庆山火……每一事件中，都闪现着微博灵动的身影。整个事件的过程、关键事实的验证、不同角度的质疑、各种观点的争辩，都通过"微"平台淋漓尽致地展现出来，由此引发了政府和整个社会对事件的影响和背后根源的思考。通过这样的广泛参与，进一步扩展了公共监督的范围和力度，促进政府更好地体现"责任""公开""服务"的内涵，倒逼政府改革提速。

"微文化时代"的到来，给传统新闻媒体带来巨大冲击。微文化时代，使人们从过去被动地接受信息转变为更加主动地参与信息传播，从"收音机"时代向"麦克风"时代转变。微博中关注度高的事件很多成为社会的热点，引起传统媒体的关注和跟踪报道。微博不但引爆事件，更多地在于评论事件，而之前这一度是传统媒体的专利。同时，"微文化时代"通过报道和评论，使得电视、报纸等媒体改变了传统的信息来源方式，每个微博者都成了新闻素材的"特约记者"，借助全体人民的观察力和分析力，传统媒体更敏锐地感知社会运行的问题和缺陷，更细致地了解问题和缺陷的形态及影响，更深入地观察问题和缺陷形成的复杂原因，更科学地寻找制约社会运行的缺陷和弊端的途径。传统媒体正是在这一变化中提升自己，改革自己。如前一段的微博中，有一条《邯郸日报》改版的消息。改版后的日报将导向正确、内容丰富、关注前沿、观点鲜明、贴近读者、文风清新等作为新的办报要求，不得不说是对"微文化时代"的适应与调整。

时代在潜移默化地改变着你我，我们能做的就是转变思路，调整自我，以更加完美的姿态适应"微文化时代"，改善"微文化时代"和利用"微文化时代"。

二、微文化时代的特点

我国进入微文化时代之后，信息传播的速度越来越快，传播的内容越来越精练，感情交流的方式越来越简单，信息的数量越来越庞大，阅读的范围越来越广泛，信息读取的时间越来越有限，产生信息的来源越来越多样，影响社会的事件越来越细微。从传播的过程来看，"微文化时代"大致有内容碎片化、传播瞬时性、终端"迷你性"、主体大众化、信息海量化、交流隐蔽性、沟通交互性等特征。

（一）终端"迷你性"

根据中国互联网络信息中心发布的第49次《中国互联网络发展状况统计报告》（下文简称《报告》）显示，截至2021年12月，我国网民使用手机上网的比例达99.7%，手机仍是上网的最主要设备；网民中使用台式电脑、笔记本电脑、电视和平板电脑上网的比例分别为35.0%、33.0%、28.1%和27.4%。在网民中，即时通信、网络视频、短视频用户使用率分别为97.5%、94.5%和90.5%，用户规模分别达10.07亿、9.75亿和9.34亿。从这些数据中可以看出，手机正在不断挤占其他个人上网设备的使用。进入"微文化时代"，人类对移动设备的小巧便捷性要求越来越高，各种轻便的移动终端在不断推陈出新，特别是手机和4G、5G网络已经基本实现人们日常生活所需，大型的终端在逐渐减少，大多留存在公共场合，平板和手机备受人们的青睐，能够在极短的时间内最大限度地获取信息，满足随身携带、随时查看的需求，使人们拥有更多的自由选择。

（二）内容碎片化

由于移动终端的"迷你性"，人们可以随时随地地接收和查看各种信息。现在的社会充斥着快节奏，到处都是人们忙碌的背影，再加上世界发展日新月异，如若不追随社会的变化将会很快被社会所抛弃，"低头族"应运而生。但是信息的繁杂和庞大，促使人们需要仔细分类和甄别，而这些大多在日常生活中的闲暇时间来完成，导致信息的阅读和传播都比较零散，时间分割更加琐碎，人们头脑中的观念、社会关系都被瓦解为一个个零散的内容和群体。

首先，网络技术的广泛运用，每个个体都可以成为信息的生产者和制造者，个性开始彰显，自我意识开始凸显，不需要长篇大论地发表意见，只需只言片语就可能成为网络的焦点；其次，碎片化的传播区分不同消费群体，因阶层的不同，生活方式相近、态度观念相似的群体更容易聚合在一起，群体再次进行细分为大量的小集体，带来"信息茧房"效应，这样就极大地弱化了传统的权威，产生许多偏激的思想；最后，这种碎片化表现在绝大多数人阅读上，无论是时间上的碎片化还是信息内容上的碎片化，都迎合了大众的阅读习惯，看似每天获取了丰富的信息，但留在脑海中的有效信息却寥寥无几。

（三）传播瞬时性

传播的瞬时性主要归功于第四代移动通信技术的成熟和普遍应用，它能够快速传输数据，高质量的音频、视频和图像等，不受印刷，运输，地域等因素的制约，满足人们第一时间掌握世界时事新闻和对无线网络服务的要求。目前，无线网络已经几乎覆盖了中国城市的各个角落，就连最简陋的小饭馆都能够提供免费 WIFI；同时，它还拥有超高数据传输速度，通过朋友圈、短视频、微博、拍客等能同步事件发展的整个过程，对大众了解世界现实、监督政府管理，调查事实真相、直播现场比赛等带来极大便利，但同时也产生了"人肉搜索""网络暴力"等负面的影响。不论如何，我们都无法否认移动通信技术正在改变我们的生活和工作，较之以前有不可比拟的优越性。

（四）主体大众化

传统媒介包括互联网发展的最初阶段，信息发布者几乎都是特殊人群和专业人员，发言权牢牢掌握在权威人士的手中，普通大众只能被动地接受和消化，单一的传播方式限制着人们的话语和态度的表达。微博、微信、论坛、QQ 等应用的出现给受众带来全新的体验，每个人既可以成为忠实的收听者，还可以成为信息的创造者和发布者，人们开始欢欣鼓舞地表达自我：消息传输、生活缩影、晒晒心情，人生感悟，阅读留言，经验传授，知识传递、发表意见……无不体现网民在自由的环境中充分放飞自己的情感，真正成为大众自己的文化创造者，使网络永远保持极大的活跃度和生命力。但是，自我表达具有一定的随机性和不可控特点，对社会传播负面信息和低俗内容带来一定风险，对网络管理的难度加大。

（五）信息海量化

移动设备带给大众的便捷使人们更加乐于生产和传播消息，信息的制造者在不断增长，信息内容在不断缩短，媒介终端在不断发展，网络技术在不断提高，这些都促进信息传播速度的提升。人们对信息的阅读已经没有原来的耐心和精力，冗长的文字常常被人们所忽视，大篇幅的文章和视频已经不合时宜，"重要的事情说三遍"，重要的信息需要重点标注出来，人们越来越喜欢"快餐式"的阅读方式，消息的发布者都用标新立异的标题来吸引大众的眼球，即所谓的"标题党"。在这种浮躁的社会中，娱乐化的信息最能给网民释放压力，娱乐信息充斥着整个网络，各种娱乐节目纷纷成为收视的冠军。

（六）交流隐蔽性

网络本身就是巨大的虚拟空间，交流的双方丝毫不知道对方的真实资料，因此网络上盛行一句话，"你不知道在网上和你聊得津津有味的是人还是狗"，以幽默风趣的方式形象地表达出人们在网络交流过程中的尴尬和顾虑。在"微文化时代"，信息的发布者和传播者可以是所有大众，而发布和传播的过程又可以轻松隐匿自己的身份，甚至可以屏蔽掉某些特定的群体，增强信息双方的安全感，深受大家的追捧，给本不安全的网络平台带来独立的保留隐私的私人空间。另外，人们在表达不同内容时扮演不同的自我，错失与亲近人的交流机会，也逐渐削减现实生活中人与人沟通的能力，很容易让许多人迷失在这个庞大的虚拟空间之中。网络之间的交流有时并不是在拉近人与人之间的距离，相反，它在疏远人与人之间的现实情感距离。此外，信息发布的隐蔽性也给舆论监管部门带来了巨大难题，给网络暴力的渗透和蔓延提供了土壤。

（七）沟通交互性

这里的交互性不是计算机信息技术领域中的人机交互性，而主要指信息传播双方之间的交互性。互动性是互联网产生之后就具有的特征，而"微文化时代"把这种特征表现得更加鲜明。传统媒体（报纸、杂志、电视、广播等）都只是信息单方面的传递者，而且传输的内容和时间受到严重限制，同时也阻碍接受的群体和范围的扩大。互联网的产生，通过网络终端可以即时接受信息传播者发布的内容，也可以轻松编辑文字或图片传送信息，已经由"一对多"的传播方式转变为双向交互式的无障碍沟通，信息之间的交流更加简单、便捷。"微文化时代"，移动终端的使用使信息更加简短、精练，人与人的对话更加平等、自由，媒介之间的传播方式更加复杂，传播途径更加多样，这些都进一步突出沟通的交互性。

第二节　微文化时代思想政治教育面临的新情况

思想政治教育的传播媒介最早为口耳相传的方式，人们在繁衍过程中通过代际的言传身教使各种社会规范代代相传。文字是人类的伟大发明，打破了时空的限制，增加了信息传播的容量，思想政治教育的体系逐渐形成，造就文字媒介在思想政治教育发展史上里程碑的地位。中国四大发明的印刷术给传播媒介带来了新的福音，人类在思想传播交流史上突破人际传播的困境，以报纸为代表的印刷媒介开启思想政治教育大众化的新局面。电子媒介对思想政治教育的发展是又一次革命性的创造，其直观性、时效性、渗透力等优势凸显。思想政治教育是我党的优良传统和政治优势，"微文化时代"作为思想政治教育发展的新时期，在理念、内容、方法、主体、环境等方面需要进行新的探索，促使思想政治教育取得新成效。

一、思想政治教育的新理念

（一）平等意识

"微文化时代"信息传播者的不确定性决定了思想政治教育的话语权开始趋于平等，"一言堂"已经不适应新的形势。沟通的交互性打破思想政治教育者的绝对主导性，政府和高校的舆论地位在一定程度上受到弱化，实现教育者和受教育者双方平等的多维交流。首先，这源自获取信息的地位平等，只要拥有网络和终端，任何人都可以从互联网上得到相同的信息，网络成为受教育者汲取信息和知识最畅通的渠道；其次，在于发布信息的平等性，受教育者一改传统的被动模式，每个人都是自媒体，消除思想政治教育双方的隔阂，有利于提高思想政治教育的有效性。因此，思想政治教育者必须转变理念，平等对待每个受教育者，改变居高临下的态度和思想。

（二）民主意识

网络社会中的大众更加善于表现自我，乐于表达思想，彰显个性。因此，民主的氛围能够提高思想政治教育双方交流的深度和广度，能够提升受教育者参与集体活动的积极性，激发大学生的能动性和创造力。民主社会离不开民意的表达，越是宽松、自由的环境越能得出最真实的民意结果，它是社会问题的晴雨表。思想政治教育者需要尽可能地给予受教育者更广泛的民主空间，借助网络的开放性、平等性掌握更多的民情民意，有针对性地处理好亟待解决的问题，防止校园危机和突发事件的爆发，培养思想政治教育双方的民主精神。

（三）交往意识

马克思主义视域中，实践是核心概念，人与人之间的实践即为交往实践，思想政治教育就是一种特殊的社会交往实践活动。传统思想政治教育中，片面强调交往实践的工具价值，忽视交往实践必须是双方互动的结果，漠视对受教育者的人文关怀。互联网的发展给人们带来新鲜的交往感受，对话模式就此展开。交往双方可以畅所欲言，快速找到志同道合的精神伙伴，沟通有无，思想上不断碰撞出火花，心灵不断得到融合。思想政治教育者需要看到受教育者的新变化，主动出击，沟通无间隙，交流无障碍，在网络上对受教育者施加有目的、有计划、有组织的深层次交往，才能够增强思想政治教育的实效性。

（四）包容意识

"微文化时代"的信息呈现海量化特征，必然存在诸多非主流的声音，必然受到文化多样性的影响，思想政治教育的权威地位受到严重的挑战。思想政治教育是主流意识形态的维护者和建设者，用于保证党和国家的领导权和话语权，如何在庞大的信息海洋里维护主流文化的舆论地位，这给思想政治教育者提出了不小的难题。思想政治教育者一方面要顺应时代的潮流，兼容并包，倾听来自草根的呐喊，给社会舆论带来新鲜的血液。如果一个国家的网络"鸦雀无声"，那才是最危险的事情。另一方面，思想政治教育者还必须提防腐朽、落后、反动的言论传播，在纷繁复杂的信息资源中剔除不良的网络信息，净化受教育者的成长环境。

（五）服务意识

思想政治教育的根本目的是提高人们认识世界和改造世界的能力，促进人的全面发展，因此教育者必须具备服务意识，帮助受教育者更好地成长、成才、成人，形成良好的世界观、人生观和价值观，解决生活中面临的疑惑和难题，抑制不良情绪的滋生，调节心理的压力和精神状态。当网络谣言兴盛的时候，教育者能够第一时间避免谣言而导致的误解和不安，服务大众、服务社会。一旦提升受教育者的判断能力、反思能力、主动参与能力，完成受教育者从内化到外化、由他律到自律的转变，受教育者就会成为新的教育者，具有正能量的网络意见领袖的培养将开启思想政治教育的新篇章。

二、思想政治教育的新内容

思想包含着丰富的内容，传统思想政治教育的内容主要包括思想教育、政治教育、道德教育、法制教育、心理教育、伦理教育。时代在发展，社会在进步，人的素质在提高，要发挥思想政治教育的最佳功能，思想政治教育的内容必须不断更新，除了中国特色社会主义核心价值体系之外，"微文化时代"还要求思想政治教育重视新的教育内容，包括媒介素养教育、网络安全教育等。

（一）媒介素养教育

传播媒介是我们人类意识的延伸，意识则是我们个人能量的"固定资产"，它塑造了我们每个人的认知经验。意识是媒介传播的主要内容，但媒介也不是一成不变的，一种传播媒介的内容经常是另一种传播媒介，就像手写的字是印刷的内容一样，而印刷则是电报的内容。从这个角度可以说，媒介就是讯息。媒介是一项最重要的存在，而信息则是次要的内容，媒介本身就包含许多信息，必须从媒介出发才能够真正读懂信息。在当代较为合理的媒介素养结构，应当由媒介认识能力、媒介使用能力、媒介批判能力和媒介创造能力四个部分组成。媒介素养是人综合素质的网络表现，它离不开思想政治教育传授关于媒介的知识、文化、思维方式、综合分析能力、价值观等。

"微文化时代"的受教育者既是信息的发布者，又是信息的接受者，除了享有一定的权利，还需要承担相应的义务，而思想政治教育者需要加强网络信息传播的责任，提高媒介素养。首先，法律法规是信息传播者必须要遵守的规范。国家层面上，网民不得从事危害国家安全、蔑视社会制度、煽动民族仇恨、鼓动社会动乱、泄露国家机密等。在社会层面上，不得公布和转载假的或未经证实的消息情报、不得侵犯他人的个人隐私、禁止用不体面的方式粗暴地贬低他人名誉和尊严、禁止造谣中伤和侮辱诽谤他人等；其次，每个网民都应该意识到自己是网络媒介中一员，对接收的信息能够进行辨别，区分真伪、好坏、主次、轻重，在传播的过程中对内容要有所把控，形式要适当，负责任地为大众谋利，尽可能地做到客观、公正、全面的报道，不浮夸、不造谣、不武断，同色情、暴力、虚假信息和欺诈行为作斗争，真正承担起保护社会健康、维护社会稳定、促进民族和谐与人民团结的责任。总之，思想政治教育需要适应时代的新变化，拓展思想政治教育的内容，把媒介素养教育纳入思想政治教育体系，开展形式多样的思想政治教育。

（二）网络安全教育

"微文化时代"是开放的时代，也是充满各种挑战的时代。当代社会，国内国际形势变化复杂，不同价值体系、思想文化的交流不仅会融合，也会带来一定的冲突，微博、微信等媒介传播速度和影响范围加快，大学生思想政治教育面临许多新任务、新课题，其中之一就是网络安全教育。大学生处于容易接受新鲜事物的阶段，"微文化时代"的各种媒介正好满足了他们的好奇心，由于他们缺乏人生经验和社会阅历，因此网络安全意识普遍淡薄，网络安全的法律法规知之甚少，网络信息识别能力不高，网络维权意识不强，网络自控能力较差。

大学生是微媒介庞大的使用群体，但因世界观、人生观和价值观正处于初步形成阶段，在环境复杂的网络世界中容易受负面信息的影响及居心叵测的人蛊惑，面临道德迷惘、价值紊乱、信仰迷失等问题。

大学生没有注意网络安全信息的习惯，对个人数据保存不周，导致泄露真实资料、个人隐私、日常照片、联系方式、家庭地址等，商家通过网络邮件、垃圾短信、陌生电话等方式向大学生发布各种消息，甚至有犯罪分子利用大学生毫无保留、畅所欲言的信息获取其信任而展开一系列的犯罪活动。大学生在无线网络的使用过程中也容易遭遇木马和病毒的骚扰，很多大学生为了节约生活成本，在存在安全隐患的免费 WIFI 中进行网络社交和网络购物，导致银行账号、信用卡密码被人盗取，造成经济损失。

由于部分大学生的心智还未成熟，自我控制能力还比较差，再加上宽松的校园生活和减少的学习压力使他们容易沉迷于虚拟的网络空间和网络游戏中。象牙塔带给大学生从未有过的自由，日常生活、社交、学习、课余时间很大程度上由自己决定，虚拟的网络世界成功地充当了大学生业余消遣的途径。丰富的网络内容诱惑着青春期的大学生，色情、暴力的网络信息不断侵害大学生的身心健康，简单的网络社交形式推动大学生脱离社会和现实，目不暇接的网络游戏盛行在大学生的日常生活中，使其深陷其中不能自拔，严重影响大学生日常的学习和生活。思想政治教育需要解决大学生面临的困惑和难题，帮助他们免受其害，涉及网络安全的教育就势在必行。

三、思想政治教育的新方法

思想政治教育方法是思想政治教育理论体系中不可或缺的重要组成部分，一定时期的思想政治教育方法是教育者在长期实践中摸索出来的经验，适应当时社会环境和人们的思想特点。马克思唯物主义认识论认为认识来源于实践，实践必须指导理论，当社会环境和人们思想变化发展的时候，思想政治教育方法也必须要有新的发展，适应新的社会，跟上新的形势。方法是解决问题的明灯，传统思想政治教育在向现代化思想政治教育转变过程中，现代信息化的手段要充分运用，改变思想政治教育面貌，创造思想政治教育富有创新性的新时代。

（一）自我教育方法。

从教育产生开始，自我教育便相伴而生，古今中外许多学者都认识到自我教育的重要性，它在人类教育的发展过程中是一种极其重要的教育方法。自我教育不仅是一种方法，更是一种教育理念。教育应是他我教育和自我教育的结合，不仅使人获得知识，更要把知识变成个体内在的品质。自我教育是开放社会的必然选择。随着知识经济的发展和信息化步伐的加快，特别是计算机网络化的迅猛发展，在有史以来最开放、大众传媒最发达、价值观念冲突最显著的时代，信息社会具有信息量大、传播速度快、影响范围广等特征，使得现代教育不会像过去那样无选择或很少选择的灌输教育，传统教育模式受到质疑和挑战，为自我教育的发展提供了可能。思想政治教育中的受教育者既是教育的客体，也是教育的主体，需要在教育者的引导下进行积极主动地理解和吸收，再外显为自身的行为。这种理解和吸收本身就包含受教育者的自我教育，没有受教育者的自我教育，教育者传递的信息就无法成为受教育者的知识体系。因此，教育和自我教育是相互影响、相互作用、相互制约的有机统一体。

（二）网络"三育人"法

网络"三育人"法是指高校思想政治教育工作者借助网络平台，融大学生的教育、管理、服务于一体，做到教书育人、管理育人与服务育人，实现全面育人目的的方法。

第一，教书育人要求提高教育者的网络素质和队伍建设。思想政治教育必须对症下药，选择适当的方法有事半功倍的效果。"微文化时代"受教育者都在使用新的传播媒介，而目前许多高校教师还未开设自己的微博或微信，思想政治教育者忙于自身的教学、科研、生活，而无暇学习新的网络技术，导致思想政治教育出现一定的真空。方法是连接理论与实践的桥梁，思想政治教育需要运用最新的科技成果，熟练掌握网络技术，丰富思想政治教育载体，实现教育手段的现代化。这就要求学校加快网络文化队伍的建设，开展相关知识培训和实训，培养一批教师骨干力量，强化网络管理队伍，找准思想政治教育与"微文化时代"的契合点，建设一支政治强、业务精、纪律严、作风正的思想政治教育队伍，不但能够在课堂上熟练运用新的教学手段，也可以课后在网络上关心受教育者的生活状况和心理变化。

第二，服务育人是思想政治教育在新形势下的网络延伸。"微文化时代"思想政治教育的权威地位已经不复存在，要做好思想政治工作，需要树立新的服务意识。科学技术的发展在给社会带来生产力水平提高的同时，也会致使科技至上主义的滋生，引发人类的道德危机，因此思想政治教育者要积极介入到新的空间和群体中，开设积极向上的网站，发布大学生喜闻乐见的信息，运用生活直观的图片、视频、音频等，拉近与受教育者之间的距离。以社会主义核心价值观为主要内容，大力弘扬中华民族优秀文化，创新宣传途径和方式，用最新的理念、最完善的服务、最丰富的内容来吸引大学生加入思想政治教育的阵营中。

第三，管理育人是通过网络监管思想政治教育的反馈和调节方法。信息反馈对思想政治教育来说至关重要，它直接反映受教育者思想状况，检测教育决策的执行情况、思想政治教育的施加效果，因此能够掌握思想政治教育的反馈结果就能够反映思想政治教育的实效性。但由于"微文化时代"受教育者之间的交流具有隐蔽性，信息传播具有虚拟性，思想政治教育者在掌握受教育者思想情况时面临不小的难题，不利于做出正确的思想政治教育决策。这要求教育者能够及时、快速、准确地掌握教育的实情，透析问题的本质，经过去伪存真、去粗取精、由此及彼、由表及里的加工过程，杜绝"报喜不报忧"的思想，客观真实地反映事实真相，让思想政治教育充满活力和生命力。总之，思想政治教育需要跟随时代的步伐，整合思想政治教育的方法，形成信息化、立体式、双向互动的思想政治教育模式。政治教育环境是其中的重要因素，思想政治教育的目的是提高思想道德修养和综合素质，促进人的全面发展，思想政治教育自然要优化思想政治教育环境，否则不良的网络环境会逐渐侵蚀人的思想，阻碍社会发展和人类进步。

四、思想政治教育的新环境

思想政治教育环境是思想政治教育系统中重要的条件。思想政治教育总是在一定环境中形成，受教育者的外化也要在一定的环境中体现，包括自然环境、社会环境、精神环境和网络环境。在这里更强调思想政治教育的网络环境。思想政治教育必然受到外部客观环境的影响，人们的意识，随着人们的生活条件、社会关系和社会存在的改变而改变。人们在环境中形成思想和观念，但是这种意识并非一成不变，会随着环境的变化而变化。另外，人的意识具有一定的能动性，人不但能够认识环境，在一定程度上也能够改变环境。因此，要善于通过思想政治教育的功能优化和开发思想政治教育环境。

（一）校园网络信息环境

此处的网络信息环境包括高校校园的网络信息环境，也包括校外社会的网络信息环境。校园网络信息环境相对简单，大多具有系统的、完整的、正面的、积极的舆论格局，顺应社会和历史发展潮流的言论，最常见的当属微博、BBS、微信、QQ等。相较于传统的思想政治教育，大学生有更多的话语权、自由性，拓宽了校园舆论场所，增强了网络舆论的影响力，但同时也开始出现和传播杂乱无序、内容零散、表达消极情绪、破坏正常秩序、扭曲事实的负面信息，极大地损害了高校的形象，破坏了思想政治教育的开展过程。

校园网络信息环境的制造者和参与者主要是运用网络平台的思想政治教育双方，教育者按照一定的要求和目标，有目的、有计划、有组织地创建有利于思想政治教育开展的环境，通过自觉或不自觉的方式影响网络舆论，在校园网络信息环境中充当思想政治教育的传播者、组织者、引导者、管理者。受教育者虽然还没有成为校园网络信息环境的主导者，但他们的地位和影响力已经大大提升，部分个体意见能够通过充分交流得到他人的理解和支持而四处扩散，进而转化为社会意见，在极短的时间内像"蝴蝶效应"一样影响整个网络，这都源于各种微型媒介的产生和发展，因此对于思想政治教育来说，优化思想政治教育环境是思想政治教育系统工程中的重要环节。思想政治教育环境是其中的重要因素，思想政治教育的目的是提高思想道德修养和综合素质，促进人的全面发展，思想政治教育自然要优化思想政治教育环境，否则不良的网络环境会逐渐侵蚀人的思想，阻碍社会发展和人类进步。

（二）校外网络信息环境

除了校园网络信息环境之外，大学生每天都在校外网络环境中接受庞大的信息，这应该成为思想政治教育环境优化的主阵地。与此同时，一些领域道德失范、诚信缺失、假冒伪劣、欺骗欺诈活动有所蔓延；一些地方封建迷信、邪教和黄赌毒等社会丑恶现象沉渣泛起，成为社会公害；一些成年人价值观发生扭曲，拜金主义、享乐主义、极端个人主义滋长，以权谋私等消极腐败现象屡禁不止；等等，也给未成年人的成长带来不可忽视的负面影响。在各种消极因素影响下，少数未成年人精神空虚、行为失范，有的甚至走上违法犯罪的歧途。因此，各类互联网站都要充分认识所肩负的社会责任，积极传播先进文化、倡导文明健康的网络风气。重点新闻网站和主要教育网站要发挥主力军作用，开设未成年人思想道德教育的网页、专栏，组织开展各种形式的网上思想道德教育活动。在有条件的校园和社区内，要有组织地建设一批非营业性的互联网上网服务场所，为未成年人提供健康有益的绿色网上空间。信息产业等有关部门要制定相关政策，积极推进这项工作。学校要加强对校园网站的管理，规范上网内容，充分发挥其思想道德教育的功能。

第三节　微文化在大学生思想政治教育中承担的责任

微文化的兴起对促进社会的发展有着重要作用。作为现代科学技术发展的产物，微文化深深地影响着广大民众的生活，它为公众提供海量信息的同时，也为网民进行思想交流提供了广阔的平台，对广大受众的精神生活产生着巨大的影响，尤其对网络依赖程度较高的广大青少年群体，微文化的兴起和发展对其人生观和价值观的形成影响更大。因此，微文化在一个国家的意识形态建设上肩负着重要的责任。增强微文化的责任、保障微文化传播信息的健康性和有效性，是微文化建设必不可少的重要组成部分。具体来说，微文化应承担的社会责任包括以下几个方面。

一、引导舆论的责任

人们对舆论的定义为，公众所公开表达的信念、态度、意见和情绪表现的总和。社会舆论的产生，会引导社会的发展，同时对社会意识形态的建设也会产生重要的影响作用。因此，对社会中产生的舆论必须要进行正确的引导，这不仅是微文化的责任，也是所有传播媒体都应共同承担的责任。媒体在对舆论进行引导的过程中，需要遵守的一项工作原则是，对内也要通过发布正确的舆论来对人们的思想行为进行引导，对外要全面树立起我国的大国形象。想要提高大学生的思想政治素质，就必须要为其提供一个良好的舆论氛围，始终坚持以正确的舆论对人们的行为进行引导，引起人们对国家和社会重要事件的关注。我国的微文化承担着多项责任，其不仅要对各种信息进行传播，同时还要充当党、政府和人民的耳目喉舌，对引导社会舆论起着重要的作用。需要注意的是，舆论导向对微文化传播的内容起着决定作用，其决定了舆论需要传播什么，不能传播什么。为此，微文化必须要充分发挥自身在技术和资源上的优势，始终坚持正确的舆论导向，坚决维护党和国家的利益，广泛传播具有教育、引导和规范意义的信息，提高大学生学习的积极性，为大学生的思想政治教育提供一个良好的网络文化环境。

二、传播和传承先进文化的责任

微文化与我国其他文化形式一样，是构成我国新闻信息的一项重要内容，因此其在传递新闻和信息、传播知识和文化方面也承担着重要的责任。网络上充斥大量复杂烦琐的信息，这其中不可避免的会有一些负面的信息，这对社会及青少年的健康发展是极为不利的，并且严重损害了微文化的社会公信力。

当前，青少年对于智能手机这种微文化的应用数量在逐年上升，且数量庞大。手机上所传播的各种信息必定会对青少年的思想和行为产生巨大影响。西方很多发达国家在互联网方面掌握了很高的技术，他们企图运用这种强大的技术优势来对网上的舆论进行控制。在这种情况下，如果运用网络正确发生，传播社会主流思想和价值观，全面保护和弘扬自身的民族文化，逐渐成为世界各国关注的焦点。微文化作为文化传播的一种重要行首，必须要努力承担起提高大学生思想政治素质的重任，向他们传播我国优秀的传统文化和现代的科学文化知识，帮助他们树立起正确的世界观、人生观和价值观，为我国的社会主义建设培养优秀的人才。

三、新闻舆论监督的责任

娱乐监督指的是，社会公众及其组织者通过对舆论的运用来对社会运行中一切有害现象进行批评、督察和预警的行为。当今社会，微文化的发展极为迅速，受众面广，影响范围大，因此在舆论监督方面能发挥出更好的作用。微文化在社会事件中发挥出了重要的监督作用，引起了社会公众的广泛关注。实际上，微文化的舆论监督是人民群众行使监督权力的重要表现形式，其可以打破地域和行政级别的限制，使普通的民众也可以参与到社会实践的监督之中，发挥自身的主人翁作用，实现真正的全民监督，督促事件的解决，维护人民的利益。在社会中，很多人将传媒看作"社会监视器"，就是对其预警和监督功能的肯定，可以对社会的健康发展起到监督、预警和维护的作用，从根本上维护人民的权益。因此，从这个角度上可以说，微文化在舆论监督、监督政府的执政能力，监督社会发展状况和人们的言行舆论，监督大学生思想政治教育传播的状况等方面，始终都承担不能忽视的重要责任。此外，随着微文化的不断普及，其在传播效果和社会影响力等方面发挥出了广泛作用。与传统媒体相比，微文化所承担的社会责任更加多样化，其所承担的历史使命和社会责任也更加沉重。在这种情况下，微文化必须要坚定地承担起这份责任，实现人们对它的期望，这样才能实现微文化的健康发展，也只有这样才能增强自身的公信力，为社会的发展做出更多贡献。

第四节　微文化时代思想政治教育的发展预测

一、微文化的新动向

以微博为代表的微文化的迅速崛起，很大的原因在于它是一个很"轻"、很简单的应用，进而可以让最大范围的人群都用起来得心应手。但是很"轻"、很简单的产品形态也带来了一个关键问题，那就是对微文化背景下的参与者来说，微博世界给他们的空间和舞台是比较单一的，这将直接影响其商业模式的承载力。微博与微信作为当前竞争最激烈的微文化形式，也不断变化出新的动向，以此适应用户需求。

例如，腾讯微博在用户突破 1 亿之后，随即不断提升功能，相继推出邮件分享、本地上传视频、图片版微博、开放式上墙等服务。新浪微博在其私信功能中增添了选择项，如关注某电商的官微，就可以通过私信直接查询订单信息；关注某航空公司的官微，就可以通过私信直接查询登机信息、办理登机牌；关注某饭店的官微，就可以通过私信直接订餐等。而微信在功能拓展上更是不遗余力，最新增加的功能包括把图片从电脑传到手机上，通过语音搜索联系人，智能识别二维码名片，常用聊天可置顶，成为密友、常客等。可以说，在不断变动中的世界，微文化是变动的敏锐反应者，甚至是领跑者，但是归根结底，却是对用户需求的不断追索。

二、微文化思想政治教育的问题预测

微文化的一个重要输出平台是微媒体，其产生至今，产生了一些问题，这些问题暴露了微媒体的不足，也指明了微媒体改革和完善的方向。

从国内第一家微博平台——新浪微博上线至今，"围观""直播"已经改变了人们的日常生活。而随着用户量的不断增长，微博也在影响着商业世界的运转轨迹。然而，由于没有一套与之相适应的影响力评价体系，在微文化这个社交新领域，人们单纯地以是否加"V"、粉丝数量多少来等标准来评判一个微博 ID 的价值，于是大众被这些外露的硬性数据所累、所迷惑，以至于出现一些非理性、非常规行为，而微文化思想引领过程中所带来的问题也就应运而生。

首先，是系统的粉丝问题。粉丝起源于微媒体，从一定程度上说，媒体粉丝数量就可以看作一个微媒体的订阅数，当用户关注了某个 ID，就相当于自愿接受其发布的信息。理论上说，粉丝数量越大，覆盖面越大。而这个"订阅数"就如此"透明"的悬在头像下方，为潜在订阅者提供了判断的佐证，并时刻敲打着微博博主的"虚荣心"和其作为微媒体的价值。特别是当微媒体的概念兴起之后，粉丝买卖的生意悄然诞生。这无疑降低了微媒体的信用度，夸大了其影响力。微媒体将成为未来微媒体的平台甚至成为互联网的入口，这些都毋庸置疑，但在建立游戏规则之时就出现无数的破坏者和践踏者，只能将微博从原本前景美好的预定轨道带离。

其次，是微博的管理问题。微媒体平台提供的只是一个用户池。在微博发展初期，微博博主追求的还是如何从中吸引到足够多的用户，之后可能会考虑如何吸引到足够多的目标用户。内容组织、黄金时段发布、关键传播节点的转发，注重打造影响力的微博账号需要诸多因素的互相配合。微博目前还不是做广告的平台，做品牌、做形象、做影响力、做危机预警、做客户服务、做消费者信息对接才是正确的。最近新浪微博试水的广告业务，极有可能对用户体验造成冲击。微博应该追求的是影响力和微博质量及其价值观。从"唯数量论"到"唯价值论"，微博未来在传播中的价值才能真正释放，一个健康的微博生态体系才有可持续发展的基础。

总之，微媒体价值要避免走入歧途，它不应该是流量模式的另一个新边疆，而应该是具有更优质组织架构和传播效能的社会化媒体，并迸发出比传统流量型媒体更具技术含量的价值。

第二章

微文化背景下大学生思想政治教育的新发展

随着微文化的迅速发展，其对高校大学生也带来了冲击。大学生是我国社会中的特殊群体，知识水平较高，喜欢新鲜和刺激，愿意追求新的事物，因此他们受到微文化的影响很大。因此，在微文化时代，高校对于大学生思想政治教育，必须要引起对微文化的注意，看到微文化为大学生思想政治教育带来的机遇与挑战，找到恰当的解决方式，全面提高大学生的思想政治水平。

第一节　微文化背景下大学生思想政治教育的功能表现

一、导向功能

导向功能是思想政治教育的根本功能，这种功能是任何其他教育都无法代替的，可以体现出思想政治教育的目的性和超越性。

微文化具有开放性、渗透性和趋同性的特点，因此在大学生思想政治教育的过程中，必须要充分运用这些特点，保证思想政治教育导向功能的充分发挥。传统的思想政治教育通常采用的是内塑型的教育模式，在教育过程中是将与教育目的相关的知识信息通过"灌输"的方式教授给学生，以语言或是文字的形式直接告诉学生应该做什么，不应该做什么，或是具体的做法。而微文化背景下思想政治教育则不同，其是以潜移默化的方式来对大学生的思想观念进行规范和约束。对于微文化信息来说，其向人们展示的通常是一种科学、公正、客观、时尚的形象，因此它为学生所传播的价值观逐渐渗透到学生的思想中，然后学生的行为进行规范。

信息社会，微文化在一定程度上已经开始引导人们的生活。日常生活中，人们会对微文化所涉及的信息极为关注，然后根据微文化对不同信息的关注程度，以此来决定自身关注问题的次序。针对这种情况，很多媒体就开始有意识地对信息进行议程设置，以此来引导群众对社会和政治信息进行思考和关注。微文化本身具有开放性的特征，这种特征会导致受众产生趋异性，但是微文化又具有交互性和渗透性，并且在人为进行议程设置的情况下，这种趋异性在很大程度上被淡化，并逐渐转为趋同性。在微文化背景下的大学生思想政治教育过程中，充分利用这种趋同性，确保其导向功能的正常发挥。

二、大众传播功能

微文化以其快速、受限少等优势，迅速成为主流文化形式之一，也成为重要的信息传播方式，成为传播大学生思想政治教育的重要渠道。当然，传统文化形式（如报刊、广播、电视等）对自身的局限也可以尽量改进，但要想做到像微文化那样活泼互动，就显得有些力不从心了。特别是在传播大学生思想政治教育时可能会由于其自身的理论性，会显得相对枯燥而难以接受。广大青少年需要一个易于接受的传播途径，需要一个能更好、更便捷的接受信息的途径。传统的文化形式单一，趣味性不强，缺乏互动性，更容易让人产生是在"被说教"，从而产生反感的情绪。在网络媒体中，每个人可以充分自由地表达自己的意见，通过互联网直接参与其中，有助于提升大学生思想政治教育传播的广度和深度，对推动大学生思想政治教育的传播有积极作用。网络覆盖的地域范围更大，比传统文化更具有广泛性。通过微文化传播大学生思想政治教育的基本内容，可以使更多的人看到并立即发表意见。另外，微文化运行方便统计分析，可以很快得出结果。此外，微文化可以有丰富的图片、视频、声像等，对于受众来说，这样的传播方式，吸引力更大，趣味性更强。

在大学生思想政治教育的传播方面，微文化是一种新兴的工具和载体，它以其自身的传播速度快、互动性强和覆盖面广等特点，很好地实现了其自身的大众传播功能。当前我们要在传统的文化形式上寻找新的突破，利用好微文化这一新型载体，让其成为传播大学生思想政治教育的强而有力的又一工具，为倡导和践行大学生思想政治教育而服务。

三、开发功能

开发功能指的是，通过对大学生进行思想政治教育，在最大限度内调动起人的内在潜能和主观能动性的发挥。人具有主观能动性，可以去认识世界和改造世界，这是思想政治教育能够具有开发功能的根本原因。

但需要注意的是，人所具有的这种主观能动性具有一定的层次和深度，不能任由人们进行使用和发挥，需要通过一定的手段对其进行开发和挖掘。一般常用的手段主要有以下几点。

第一，要尊重个人的兴趣爱好，充分发挥人的感官优势，这是开发个人潜能的基本要求。信息内容丰富和功能独特是微文化的突出特点，将其作为教育阵地满足了大学生的要求，同时也是大学生乐于接受的。因此，高校在进行思想政治教育的过程中，就可以充分利用这个阵地，开发一些形象生动的教学软件，以此引起学生的学习兴趣，确保学生可以在一种积极的氛围下接受教育，挖掘自身的潜能。

第二，要利用多种形式和手段充分调动起人们的积极主动性，促进人们智力和能力的同时发展，这是开发人的潜能的重点。在大学生健康成长的过程中，微文化背景下的思想政治教育可以充当一种"助推器"，通过自身所拥有的丰富、形象和直观的思想政治教育资源，来满足大学生对知识和信息的需求，在这种情况下，思想政治教育者可以采用参与式或是启发式教学，来推动大学生积极、主动地进行学习。

第三，开发人的潜能的最高层次就是，培养人的创造精神。微文化的出现，为思想政治教育提供了一个培养大学生创造精神的新空间。微文化具有交互性的特征，其拓宽了大学生的思维空间，促使大学生的思维方式更加灵活多变。大学生通过对微文化的利用，可以学到更多的知识，了解到更多的信息，拓宽自己的视野。通过实施微文化思想政治教育，可以让大学生知道有不同思维的存在，培养大学生的信息素质和鉴别能力，使学生可以亲身感受到不同文化和思想发生的碰撞，以此提高大学生判断问题、分析问题和解决问题的能力，促进大学生创新思维的开发。

四、保证功能

大学生思想政治教育具有保证的功能，表现为其可以服从和服务于社会规律，具体来说，思想政治教育的保证功能主要体现在人的思想和行为层面，并通过人们在政治、思想和行为达到一致性来最终实现。该保证功能可从以下三个方面体现出来：第一，可以通过促进大学生在政治、思想和行为方面达成统一，以此来保证其稳定作用的发挥；第二，对经济和利益关系进行合理调节，对人们的思想认识进行平衡，保证社会实现健康的发展；第三，促进不同的人群实现思想和情感的交流与沟通，协调好人们的工作和行为，达到相互理解的程度，加强彼此之间的联系与合作。由于网络具有虚实两重性、平等交互性、快捷增殖性、广容兼容性等特征，其对人们的生活产生了重要的影响，增加了微文化思想政治教育的任务和负担，因此在具体实施的过程中，必须要确保其保证功能的正常发挥。

由于微文化思想政治教育具有保证功能，因此其所具有的一项最重要的传播资源就是微文化的公信力。所谓的公信力指的是，传播媒体通过所发布新闻信息的可信度，从而在受众中所产生的影响力。充分获得网民的信任，这是微文化思想政治教育保证功能发挥的基础，而公信力则是这种信任产生的前提条件。因此，要充分发挥微文化思想政治教育在大学生群体中的积极作用，就必须要保证在微文化思想政治教育网站上所发布的内容必须要具有可信性和权威性。

五、育人功能

与其他形式的教育活动一样，微文化思想政治教育也承担着育人的功能，这同时也是想政治教育的基本功能，是其对思想品德形成发展规律的运用。微文化思想政治教育的育人功能主要表现在，通过教育活动提高大学生的思想政治素质，以此帮助大学生树立起正确的世界观、人生观和价值观，完善他们的人格。应当明确的是，微文化思想政治教育育人功能的发挥，其指导理论是马克思主义关于人的全面发展理论，也就是说，高校通过开展微文化思想政治教育，不仅要增加大学生的知识积累，提高其思想政治素质，同时还要促使大学生实现全面的发展为祖国的发展培养优秀的人才。

教育者通过微文化向学生传播思想政治教育信息，对大学生的发展产生系统的影响，同时大学生也可以通过微文化的途径对这些信息进行反馈，这对思想政治教育信息的传播和制作具有重要的影响，有时甚至会产生决定性的作用。这是一种良心的互动，通过微文化这种文化形式，传播者与受众、教育者与受教育者之间就可以实现主客体间的沟通与交流，以便及时对教育中的不足之处进行完善。

不断提高大学生的鉴别能力，这也是微文化思想政治教育育人功能的一个具体体现。网络信息复杂多样，这就不利于大学生对有用信息的识别，在这种情况下，就必须要对大学生进行微文化思想政治教育，以此来提高大学生对信息的辨别和选择能力，也就是说，高校所进行的微文化思想政治教育不仅要进行"防御"，同时还要能够"进攻"。所谓的"防御"指的是，通过实施微文化思想政治教育，可以提高大学生对网络信息的辨别能力，能够明辨是非，积极低于不良网络信息对大学生思想的侵袭。而"进攻"则指的是，大学生要对微文化进行充分的利用，宣传正面的思想理论，为人们展示中国特色社会主义建设的成就，批判那些西方的资本主义腐朽思想和落后观念。

六、社会功能

社会功能就是社会群体对于社会运行以及其他群体的影响力和作用力，是社会各阶层的内在特性作用于社会的反应。微文化一出现，就成为社会的重要组成部分，与人们的生活密切相关。新媒体的出现，给人们带来了越来越多的惊喜：新闻传播、网络娱乐、网上聊天，等等，微文化逐渐覆盖到社会方方面面的建设，人们的生活也逐渐离不开微文化的存在。当网络的社会化（网络归于社会，成为人们的共有财产）向个人的网络化（全民上网，人人都会利用网络，网络成为人们生活中不可或缺的工具）转变的时候，个人必然要成为互联网的主宰。相应地，为个人提供集中化、专业化、个性化服务的网络应用必然逐渐成为主流。成为主流的微文化，深入到网民的生活当中，受其诸多功能的影响，逐渐深入人心。微文化既然作为一项影响逐渐深入的新型传播媒介，其在大学生思想政治教育的传播中所起的作用尤为重要。而大学生思想政治教育要应用在微文化中，其社会功能这一主要功能不可小觑。

第二节　微文化对大学生思想政治教育的影响

党的十八大报告中提出了"坚持正确导向，提高引导能力""唱响网上主旋律"等战略任务。大学生处于 17～24 岁，在这一阶段，人的精力表现最为旺盛，思想最为活跃。并且随着大学生生理和心理的成熟发展，他们希望通过广泛深入的社会实践来运用所学的理论，从而证明自己的人生价值，实现人生目标。而新媒体对大学生的影响像一把"双刃剑"。如何树立正确的导向，引导大学生确立正确的价值观，抵御腐朽思想的侵蚀，成了大学生思想政治教育需要认真思考并执行的任务。

微文化传播技术速度快、覆盖面广，能够提供丰富、即时的信息，能够为宣传党和国家的路线、方针和政策提供良好平台；微文化具有开放性、虚拟性的特征，这一优势有利于大学生及时通过这一载体把所有的不良情绪很好地宣泄出来，从而帮助其解决心理困惑；通过微文化传播技术的不断发展，大大扩宽了信息传播的范围和速度，能够使学生及时有效地了解的外部世界，从而开拓了学生的国际视野；大学生通过微文化传播技术参与互动平台，对于培养学生的公民责任意识具有很好的促进作用，是培养学生民主观念的优良场所。微文化传播技术不仅给大学生带来生活上的便捷，也为大学生提供了更加广阔的交际领域，通过微文化大学生能够使自我得到充分的展示，从而获得不同于现实世界的满足感和成就感，获得自信。但是不可忽视的影响是很多具有深度意义的新闻事件在微文化的传播过程中往往被简单化，使大学生丧失深度思考的能力；网络信息丰富而良莠不齐，易造成大学生思想混乱，可以说在大学生生活、学习、思想方面微文化既带来了积极的影响，但不可忽视的是负面影响在很大程度上也是存在的。

一、微文化对大学生思想政治教育的积极影响

相较于枯燥的传统思想政治教育，微文化背景下大学生思想政治教育更有活力，我们称之为"思想政治教育的激活理论"。

（一）微文化使思想政治教育内容、手段更具多样性和灵活性

以往高校对大学生所进行的思想政治教育，主要采用的是授课或是读报、作报告的形式，这种形式耗费的人力、精力巨大，需要教师花费很多时间对资料进行收集、整理等工作，则传授知识的方式通常也是直接对学生的"灌输"，这种单方面的授课方式对大学生的成长帮助是极为有限的。随着网络科学技术的不断发展，微文化的不断普及，思想政治教育信息的传播效率大大提高，这是其优于传统文化形式的重要一面。通过对微文化的传播作用，思想政治教育的工作者就可以在收集、整理、选择、分析资料方面节省更多的时间，有利于教学合力的形成。通过利用微文化传播方式进行教学，学生的多种感官可以同时感知到知识的传播，最终的学习效果要比单一感官感知的效果要好得多。尤其虚拟现实技术的开发和使用，可以让人身临其境地感知学习，利用图片、音乐、动画及仿真画面等充分调动起人们的感官，最大限度地提高学生的学习效率。

因此，在微文化背景下，大学生思想政治教育工作者必须要改变以往的教学模式，改进教育方法，充分利用现代科技成果和现今传播手段，以此来提高大学生思想政治教育的实践效果。

（二）微文化给思想政治教育注入了新的知识源泉

创新是微文化发展的主要动力，而思想政治教育也离不开创新精神，因此思想政治教育可以有效地借助微文化发展过程中体现出来的创新意识和先进思想并以新媒体为依托，顺应时代的潮流，思想政治教育定将焕发新的活力。思想政治教育工作者在对大学生思想政治教育过程中若能够立足实践进行创新，创新教育内容、创新教育方式，契合大学生自身的特点，这样的教育方式就会更加贴近实际，并且能够拓宽知识来源，加强对知识的内化和吸收。

（三）微文化使思想政治教育的空间更加广阔

网络自身所具有的开放性，使得人们之间的交流打破了地域上的限制，变得更加自由与便捷。随着互联网技术的不断发展和普及，使世界仿佛变成了一个"地球村"，人们不用走出屋子就可以了解到世界各地的实时动态，拓宽了人们的眼界。将微文化作为大学生思想政治教育的载体，这就拓展了教育的空间，增加了教育的覆盖范围，与传统教育模式相比，这就使得受教育人数的有限上升为无限，为我们传播马克思主义真理与社会主义核心价值观提供了有利的条件。例如，如果人们想要获取某一方面的知识和信息，不再需要在规定的时间和规定的地点去聆听，只需要一个可以联网的终端就可以获取到任意你想了解的东西，包括世界各地在政治、经济、文化、教育、军事、生活等方面的信息。

以互联网为基础所发展起来的交互式远程教育，为大学生思想政治教育提供了更为广泛的传播途径。这种互联网教育模式突破了以往"学校"和"围墙"的限制，无论是处于什么地方的学生，都可以在互联网的帮助下实现教育资源的共享，同时还可以与其他的学生进行交流和讨论，自由地与教师进行咨询和探讨。此外，通过互联网，家长还可以随时关注学生的学习动态，同时也可以与学校保持密切的联系，双方共同合作，加强对学生的监督，提高学生的学习效果。交互式的远程教育的使用，使得原本面对部分人群的有限的教育空间，变成面对社会公众、更加开放的教育空间，这就在很大程度上拓宽了思想政治教育的范围，有利于提高全民的思想政治素质。

传统的大学生思想政治教育，通常是通过课堂讲授的方式向学生传授知识，在高校教育中占据主导地位。微文化思想政治教育的出现，就为学生提供了一个更大的学习空间，通过互联网学生就可以了解到世界各地的思想观点、风俗习惯和文化思潮等，全方位提高了思想政治教育的社会化程度。互联网的出现，打破了学校与社会的限制，学生不再是只生活在象牙塔之中，他们可以通过网络来逐渐接触社会，为进入社会打下坚实的思想基础。

二、微文化对大学生思想政治教育的消极影响

（一）微文化环境中存在一些不利因素

1. 文化环境的多元化

由于微文化的作用，整个世界的距离被大大拉近，因而就有了"地球村"这个名词。微文化的出现使整个世界发生了重大变化，"不出门就可知天下事"变成了现实。各国各

界人士都可以通过微文化进行交流。不同的地域文化之间因为新媒体的出现交流更加通畅，各个地域的文化在相互交融中使自身朝着新的方向继续发展的同时，也带来了不同文化之间的间隙和碰撞。在微文化环境中就难以避免东西方文化的冲突，本土文化与外来文化的冲突，甚至一些消极的不健康的西方文化也伺机侵入，这给文化领域带来不小的冲击。微文化由于其相对自由性，因而比起现实世界，文化更容易传播渗透，不良文化也更容易滋生肆虐。而所有这些，无疑加重了大学生思想政治教育的难度。

2. 政治环境具有潜隐性

作为发达国家的美国和西方国家喜欢把他们的东西强加给发展中国家，并利用网络的便捷性来宣传他们的政治言论。标榜他们政治制度的合理性和所谓的"民主"，竭力将他们的政治文化、政治理念、政治意识形态等塞给发展中国家，我国也不可避免地遭受到这种压迫。在我国，发达国家的这种做法目的在于降低我们的民族认同感，从意识形态方面侵略我们。近几年，在我国发生的突发性政治事件，几乎都与海外网络有关。因此，微文化的作用不容小觑，无论是政治思想还是意识形态，微文化的不利影响都会带给我国许多潜在的危威胁，由于我国仍然处于社会主义初级阶段，因而在微文化技术等方面都不太成熟，对信息的控制力与屏蔽能力都十分有限，这就使我国整体处于弱势地位。

3. 舆论环境在一定程度上具有不可控性

微文化的出现使得人们的言论变得比起以前自由的多，通过微文化，我们看到无论是哪个阶层、哪个地区，人们都可以相互交流，而且言论范围无所不及，这就使得大众传媒对舆论的控制力与监督力受到空前的挑战。由于媒介信息的流动性和随意性，不良信息肆意增生扩散，因而依靠政府的力量来控制微文化不良信息的流动散布，是一件十分困难的事情，可能暂时控制住某一个事件，但是在别的时刻对于别的事件的发生并不能保证也能及时控制。因而就要依靠法律的力量来进行约束。

4. 理性环境缺乏

通过微文化许多人可以畅所欲言，而且言论不受时间、地域的限制。这就给一些不法分子提供了可乘之机，使许多不法分子蠢蠢欲动，做出一些违背道德伦理的事情，而且同时使一些人患上当下流行的"网络综合征"。现在我们看到许多未成年人因为迷上了网络而辍学，甚至做出一些违法行为，当今青少年犯罪已经不是什么新鲜的事情。除此之外，由于网络的频发使用，人与人之间的关系变得越来越冷漠。家庭关系、同事关系、朋友关系因为网络的介入而变得大不如从前，甚至许多家庭因为网络而发生破裂。综上所述，微文化给整个社会环境带来了安全性的缺失，人越来越变得感性，考虑问题不再周全，理性不在。

5. 伦理环境具有困惑性

许多人看到了微文化的虚拟性，因而觉得利用微文化做任何事情都是自由的，这就引发了许多伦理道德问题。随着微文化的发展，道德相对主义、无政府主义和个人主义也甚为流行和泛滥。因为，人们普遍会错误地认为，在微文化这个虚拟的自由世界中，自己的所作所为不会被人所知，也不会被轻易看到，更不会因行为不当、不道德而受到舆论的指责，因此，微文化成为许多人不良思想、不良行为滋生的温床。传统的道德观、价值观、伦理观受到严重的冲击。

正是由于上述微文化环境的现实问题，因而对于大学生思想政治教育形成了巨大的冲击，增加了大学生思想政治教育工作的难度。

（二）微文化为大学生思想政治教育带来的挑战

1. 网络话语的解构功能明显优于结构功能

大量流行的网络话语，都是与传统的话语思维有着很大的差异性，可以说它们都是颠覆传统的政治语言或者社会语言。例如，一些看似寻常的社会事件在微博上受到追捧时，会迅速发生链式反应并在用户中快速扩散和传播，获得持续地关注和舆论反应，最终把网络上的舆论热点变为社会公共舆论热点。

2. 网络话语差异导致大众对马克思主义的认同感缺失

网络语言更新比较快，而网络群体往往又是以年轻人为主，网络语言往往在年轻人中间流行较快，而且不等广大人民理解和接受，马上就被新出现的语言所湮没，这就造成网络话语差异在大众和马克思主义之间存在的"话语鸿沟"，这就使得相对比较古板的马克思主义很难以一种流行的方式融于当代熟悉网络语言的"00后"大学生群体中。因而也就无法激发大众的文化认同，甚至被他们所排斥。

3. 复杂环境对马克思主义传播形成挑战

微文化的信息覆盖面广，内容繁多，由于其自由化和碎片化的特征，使得信息在传播过程中容易发生偏向，导致人们断章取义地引用和理解，歪曲事实真相。例如，在微博上信息真伪难辨，由于把关的缺失，导致微博上充斥着大量直接炮制的假信息，直接影响到社会舆论的客观性。由此可见，文化信息传播的一系列特性都为反马克思主义理论和反社会主义等一些负面，以及别有用心的假信息扩散提供了一种特殊的渠道，对当代大学生的思想产生了恶劣影响。一些不道德的西方国家以"民主""人权"和"普世价值"为借口，妄想来分裂中国人民的凝聚力，因此，面对"普世价值"掩盖下的种种违反马克思主义的思维逻辑潮流，极大地考验了大学生思想政治教育工作者的持久毅力和内心意志。

（三）微文化的发展导致人际关系疏离，造成思想政治教育的沟通障碍

由于微文化中人们的交往主要是人机对话或以计算机为中介的交流，表面上，人们可以通过 E-mail、QQ、微信、BBS（电子公告板）、Net-meeting（网络会议）、IPPHONE（网络电话）等方便、快捷的方式交流，这样与古代书信来往相比，大大缩小了实践和距离上的差距，同时也拉近了人与人之间的距离。但事实上，由于每个人都会抱着手机电脑去上网，因而也就为现实的人与人之间建立起一道厚厚的屏障。人们在人际交往中变得越来越冷漠，缺乏安全感。

大学生在遭遇了上述问题时，大学生思想政治教育者在与其沟通时，会出现一些障碍，教育者与学生之间如果缺乏精神上的交流与沟通，那么两者在思想、情感和感受上就不可能实现相互的渗透。一些学生不愿意打开心扉，使大学生思想政治教育工作难度加大。

（四）微文化对思想政治教育者的素质提出了更高要求

信息社会中，教师的职能虽然还是教书育人，但是与传统教师的具体职能相比已经有了很大不同。在过去传统教学过程中，教师拥有绝对的知识权，被学生簇拥在讲台中央。而微文化时代的到来打破了这种传统，学生可以通过微文化获得渴望得到的知识，而且与教师的讲解比较起来，知识内容更加丰富具体，同时展现知识的方式更加多样化，更加形象化和动态化。这就需要教师不断提高自己的知识水平，不仅要有大量的知识存储，同时要想办法将这些知识用更加生动形象的方式表述出来，这就为教师的思维能力、语言能力、灵活应对能力提出了相应的挑战。因而，教师要与时俱进，不断提高自己传授知识的能力和技巧，在纷繁复杂的微文化时代提高适合生存的能力。

第三节　微文化背景下大学生思想政治教育的新特点

进入微文化时代，随着大学生思想政治教育对微文化运用程度的不断加深，其对大学生思想政治教育者也提出了更高的素养要求，并且大学生思想政治教育也出现了一些新的特点，其具体内容如下。

一、教育目的的隐蔽性

在传统教育模式中，思想政治教育采用的也是"灌输"性的教育方式，教师和学生是采用面对面的方式来进行教育，双方无论是性别、年龄还是身份等都较为明确。这种教育方式的突出特点是，教育形式的直接性和教育目的的公开性。但是在微文化思想政治教育中，是通过人——机对话的方式来进行教学，因此只能采取引导的方式进行思想政治教育。在这种教育模式下，教育目的会带有隐蔽性，教育者不会直接摆明自己教师的身份，而是可以通过朋友或是知心人的方式对学生进行深入的了解，明确学生当前的思想道德状况，从而对以后思想政治教育的开展打下基础，引导学生建立起良好的思想道德水平。

二、教育环境的动态发展性

信息社会的不断发展，使得网络环境也带有动态发展性，因此以互联网作为思想政治教育的平台，就必须要时刻关注网络环境的发展动态，对思想政治教育不断进行更新。社会是不断向前发展的，思想政治教育必须要紧跟时代的发展，恰当解决不断出现的新问题。为了实现这一目标，微文化政治教育环境必须要坚持从客观的角度出发，时刻谨记大学生思想政治教育的长远目标，然后在该目标的指引下对各项教育资源进行合理的配置，保证大学生思想道德素养和知识水平的同步提高，满足社会对人才的需求。当今世界的两大主题是和平与发展，微文化思想政治教育环境必须要跟随时代发展的脚步主动进行更新，这样才能保证事物实现真正的发展，推动社会的进步。

三、教育主体的平等性

教育主体的平等性主要表现在两个方面：第一，主体地位具有平等性。由前文我们已经得知，微文化思想政治教育具有隐蔽性，这就打破了传统人际交往的限制和束缚。无论是教师还会学生，在微文化思想政治教育开展的过程中，双方不需要对彼此的年龄、性别或是身份等进行了解，这就消除了教学的隔阂。只要是不想让别人了解的信息，别人就不会知道，个人的表达也会更加自由，人们不用戴上面具进行交往，从一定程度上说，这种交流方式更能展现自我。教育双方不会受到身份的限制，双方没有贵贱之分，因此微文化思想政治教育的主体在地位上都是平等的。第二，教育的主客体之间具有不确定性。也就是说，教育者与受教育者之间的身份并不是固定的。在现代互联网环境中，传统的金字塔式的知识等级结构已经逐渐消失。在传统教育中，前辈通常会对后辈的行为产生启蒙的作用，但这种情况在互联网环境中正在逐渐改变。在网络环境中，青少年的反应是最为迅速的，通过网络渠道，他们能快速地获得各种知识和信息。成年人的反应要稍显迟钝，甚至很多高等学府的大学教授不会使用计算机，这就使得他们无法通过网络获取最新的知识，可能会导致他们知识的陈旧，不能满足学生的需求。在这种情况下，有时青少年就会成为成年人在电脑和互联网方面的启蒙者。

四、教育环境的开放包容性

网络的开放性以及社会主义的本质决定了网络思想政治教育环境的开放包容性。创新被充分提倡，只要是符合社会主义本质、有助于社会主义现代化建设的思想都成为网络思想政治教育的重要内容。学生除了在课堂上接受网络思想政治教育外，课下、课后以及生活中的时时处处都可以利用网络获取自己需要的信息，高校加强校园网络及相关硬件设施建设，这都令大学生网络思想政治教育途径得以无限扩展，整个大学生网络思想政治教育呈现出异常活跃的氛围。教师团队中允许有不同的声音，通过客观看待教育教学过程中的矛盾，努力改进工作方法，最终的目的就是为了从根本上解决矛盾，丰富大学生网络思想政治教育的理论体系以及实践经验。高校利用网络开展德育工作过程中的经验教训都成为高等教育领域的宝贵财富，使网络技术和人才的整合与开发真正促进了国家综合国力的增强。这令大学生网络思想政治教育环境实现了前所未有的和谐，它是我国构建和谐社会的重要组成部分。

五、教育信息的开放性和丰富性

互联网具有开放性，这就使得微文化思想政治教育也具有了开放性的特点。通过一种网状互联式结构，网络就可以实现全通道型的信息交流方式。这种交流方式使得两个节点之间可以通过多个不同的路径相连接，而不同的节点又可以在自身的基础上不断向外拓展，这样就使得每一个节点都变成了连接的中心，但是却不会产生决定的中心。网络的这种无线拓展性就使得微文化思想政治教育也具有了无限的开放性，主要表现在教育内容、方式、手段、主客体相互关系、教育资料、教育时空和教育思维训练等方面都具有了无线开放性的特点。

互联网包容了无限巨大的信息空间，大学生通过这个空间就可以获取到更多的知识和信息，除去可以加深对本专业知识的认识，还可以对其他的研究领域进行了解，拓展自身的知识面，开阔眼界，不断充实自身的文化素养，这就与传统思想政治教育教材内容的限制形成了鲜明的对比。此外，在国家发展过程中，所制定的一系列方针、政策，可以通过网络迅速传播出去，让所有的人都可以迅速了解到，而不再像是原来那样需要经过一段时间的层层传达才能传播出去。对于微文化思想政治教育内容也是这样，无论是领导者还是被领导者、教育者还是被教育者，他们所接受到的思想政治教育信息都是相同的，不会受到时空和身份的限制，有利于提高我国全民的思想政治教育水平。

第四节　微文化时代大学生思想政治教育的发展趋势

微文化作为数字化技术的衍生物，已经自然而然地影响了当下的人们生活、工作和学习，也在不知不觉中为大学生思想政治教育营造了一种必须关注的氛围。就目前而言，在微文化时代下，给大学生思想政治教育带来的影响主要都是基于微文化的诸多优势，以及微文化在一定程度上不以人的意志为转移的强大的辐射力而形成的。因这种辐射力前所未有，对大学生思想政治教育必然会产生强劲效应，事实上也在一定程度上促进了大学生思想政治教育的变革。从历史的眼光而言，为适应和应对日益多元化的微文化环境，大学生思想政治教育工作日益呈现出以下发展趋势：教育的开放程度将越来越高，教育手段也将日益灵活多元化。

一、开放程度越来越高

微文化环境是一个开放的环境，它所带来的信息、技术等成果附属品都是面向全社会公开的。微文化环境将每个个体的人置于其下，人作为受众，已经成为新媒体的一部分而不可避免地受到微文化环境的影响。随着技术的进步和形式多样化的普及，微文化环境的开放程度也会越来越高。大学生思想政治教育离不开也不可能离开微文化这个"大环境"而实行"象牙塔内的关闭教育"，大学生思想政治教育的实施既然必须在微文化环境中进行，教育层面的改革也必须要考虑到微文化环境甚至必须运用微文化传播技术给予支持，教育效果的检测也必须与微文化环境相联系才能反馈出真实性。而更重要的是因为大学生思想政治教育的实施过程与其中的步骤、环节都与微文化环境密切相关，微文化环境的开放性决定了大学生思想政治教育环境也将会越来越开放，这是微文化环境下大学生思想政治教育发展的一个鲜明趋势。

微文化环境为高校思想政治理论课教学提供了开放的教育平台，使大学生思想政治教育在教育主客体上的平等性和交流互动性都在日益增强。

一方面，教学主客体面对的环境是同一的，获得信息资源的渠道是平等的，体现了微文化环境下资源共享的平等性。因此，在这个意义上，没有教师比学生有优先的对比，双方都有获得相同信息资源的权利，而这种权利的对等性在以一种平等性的关照体现于高校的思想政治教育中，教师看到和得到的资料，学生也同样能看到和得到，区别只在于双方看待问题的视角不同：大学生朝气蓬勃，有着大学生这个年龄段特有的青春气息，他们从自己的角度关注世界，获取和感受信息；教师由于阅历，看待问题的视角自然与学生不同。

另一方面，在微文化环境下，教学主客体的表达渠道是平等的。教师与学生都运用微文化环境下的各种形式表达自己的意见、发表自己的观点，双方在沟通与交流的状态中体现为平等的对称性。一般情况下，除却设置专门的权限，教师与学生谁都没有比谁更优先的发言权，大家的交流是开放和平等的，是一种平等的参与。正是鉴于这种师生双方表达渠道的畅通平等，微文化环境下教师与学生的距离拉近了，交流机会增多了，不再局限于面对面的探讨，也不仅仅受限于传统意义上的电话询问或是纸质信件的往来，而是在越来越多的交流路径中实现互动。由于减少了交流与沟通的障碍，拓展了交往的渠道，时空限制的影响大大缩减，师生双方交流在微文化环境下变得更为快捷，而微信、播客、微博等的使用也为师生交流提供了更多能够及时互动的条件，便于双方迅速了解对方的所思所想，并给予及时的反馈。

二、思想政治教育手段日益灵活多元化

教育手段日益灵活多元化是大学生思想政治教育在微文化环境下发展的又一趋势。

作为数字化技术的应用载体，微文化在实践手段上是多样化的。源于此背景下的微文化技术的使用，更是丰富了大学生思想政治教育的表现形式，使思想政治教育手段日益呈现出多元化发展的态势；而为了适应微文化环境所进行的思想政治教育教学改革，在某种程度上也会促进教育手段的丰富，这也是增强思想政治教育的说服力和感染力、提升教育实效性的必由之路。

目前，关于大学生思想政治教育手段的探讨已经取得相应的进展，灵活性与多元化的发展趋势也日益明朗。以高校思想政治课教学为例，部分教师根据教学的需要，适当地在教学中穿插与课程内容相关的视频资料，或者即时插入学生根据自己对学习内容的理解

而制作的 Vlog 短剧作品，等等，这些手段的融入与运用，相对于单一刻板的教师主讲式的口授形式，增强了教学内容的感染力和说服力，能更好地帮助教师清晰而生动地表达课堂教学内容，对课堂教学具有很好的辅助作用。网上提交与批改作业也是一些大学生思想政治理论课教学中常用的举措，这不仅省却了收发作业的烦琐，教师还可以及时对学生的作业做出批注，学生也可以及时了解到自己的作业情况；另外，师生也可以通过微信、微博实现交流，双方可以就一些感兴趣的问题进行探讨。可以说，这些教学手段的引入突破了单一的授课地点与固定学时的局限，师生双方缩小了距离，多了交流思想、分享心得的机会，拓展了师生沟通的渠道，也逐渐创建了一种微文化环境下新型的师生关系。

在微文化环境下，创建教辅专区也是常用的一种手段。微文化环境为教辅专区的创建提供了技术上的支撑。教师可以将自己的教案与课件挂在网上固定的空间（比如，上传至教学公共邮箱等），并做到随时更新，也可以将课堂上没有时间讲解的案例等做成文件包，让学生在课前课后自主学习，实现有针对性的预习与复习，从而强化学生对课堂教学内容的理解和消化；还可以创建习题库，提供与课堂教学内容相关的各类题目，让学生可以根据自己的时间去调整其学习计划，随时而不必拘泥于课堂有限的时间去完成，以检测自己的学习效果，有效地实现教学反馈；教学团队还可以利用微文化资源与条件，针对大学生日常所关注的现实问题和理论教育中的重点、难点问题等构建实验教学模型，例如，建构体验式的虚拟实验室，通过模拟场景让学生进入模拟的教学情境。当今社会，信息科技飞速发展，大学生每天接触庞杂的信息流，多元的文化观、价值观也在潜移默化地影响着他们的身心成长。价值建构实验室采取多样化的灵活方式，运用仿真技术设置模拟环境包括对大学生成长环节以及今后人生中的一些场景的模拟，让学生在具体的体验过程中接受教育，提升素质，在多重性的可能中自己做出选择，形成自己的价值判断，树立正确的世界观、人生观和价值观。这种实验教学手段以具体而鲜活的体验向学生呈现教学内容，尤其通过实验结果数据的分析，可以检测课堂教学的实际效果，获得真实的教学反馈资料，实现课堂教育和日常教育的延伸功能，对于跟踪研究思想政治教育的长远效果大有裨益。大学生思想政治教育工作者还可以利用微文化环境创建类似于"论坛中心""心灵家园"等互动社区，把大学生的关注点引导到特定的方向和问题上来，提高大学生的思想认知和心理健康水平。

利用微文化环境创建各种游戏也是大学生思想政治教育改革中的一种新尝试。教育者根据教学内容的需要，与技术公司一起研发教育题材的游戏，比如，励志游戏、红色主题游戏，等等。在游戏的设计上秉承寓教于乐的理念，格调健康向上，在游戏中植入核心价值观，使学生在游戏中潜移默化地提高思想意识。另外，教育工作者根据对游戏的使用效果所进行的跟踪分析则对新一轮的游戏研发提供了宝贵的建设性意见，以促进良性循环的形成。

总之，就目前而言，微文化教育手段的丰富在一定程度上打破了大学生思想政治教育的单一刻板，以生动多元的表现形式增强了大学生思想政治教育的感染力和说服力，从而提升了思想政治教育的实效性。但是，随着微文化环境的开放程度越来越高，大学生思想政治教育的难度也会越来越大，对教育手段更新的要求也会越来越高。所以，关于教育手段的探讨将会永远持续下去，这就必然带来教育手段的日益灵活和多元化。

三、微文化环境对教育工作者的微文化素养要求将会越来越高

微文化素养是高校思想政治教育工作者在微文化环境下所必须具备的综合素质。与传统文化主导时代的高校思想政治教育相比，微文化环境下，高校思想政治教育工作难度加大、任务艰巨，如何在错综复杂的微文化环境下，落实好高校思想政治教育工作，使之真正增强感染力和说服力，真正实现育人功能，是微文化环境下高校教育工作者时刻都要面对的议题。随着微文化传播技术的深入普及，对教育工作者的综合素质要求也将会越来越高。微文化素养大致包含两个方面，一是技术层面的微文化素养；二是建立在人文素养基础之上的、对于媒体产品与媒体信息的评估选择层面的微文化素养。

微文化是基于数字化技术主导的一种延伸，在信息技术迅猛发展的时代有着广泛的使用空间。数字化是以计算机技术为依托的技术处理过程，微文化又是在数字化技术背景下出现的新的文化传播形式。微文化也只能在数字化技术背景下才能实现其多种多样的功能，为人们的学习和生活提供广阔的使用空间。微文化有别于传统文化的新特点给高校思想政治教育带来了突出的变化。身处微文化环境下的大学生思想政治教育工作者，必须掌握一些基本的操作技术来应对这种环境给大学生思想政治教育带来的变化。其实，这也是目前微文化环境下大学生思想政治教育面临的一个现实的问题，教育工作者在技术层面的缺憾尤其在面临一些具体问题时的尴尬是大学生思想政治教育界需要正视的现实。

微文化的传播形式多样、迅速快捷在一定程度上影响了大学生思想政治教育教学，增强了大学生思想政治教育教学的难度。微文化背景下，学生获得信息的渠道多种多样，而某些不健康的文化思潮对正处于人生成长关键期的大学生是不利的。在微文化环境下，如何真正发挥思想政治教育的主渠道作用，为培养高素质人才做出更大贡献，是当前大学生思想政治教育工作者面临的一个严峻任务。要解决好这一现实的问题，就必须关注微文化环境下教育者的人文素养。如果说媒介素养是一个硬件层面的要求，微文化环境下的媒

体素养就是一个软性的综合层面的要求。媒体素养虽然是对师生的双向要求，但更主要的针对群体是大学生思想政治教育工作者。微文化素养所包含的内容十分广博，其中深厚的人文知识底蕴是必要的前提，大学生思想政治教育是一项系统工程，对于教育者知识积累的要求非常高。

道德法律层面的素养也是微文化素养中的重要内容。在微文化日益开放的环境下，人的主动性、自由参与度日渐彰显，可以说，微文化环境为实现人的某种主观诉求提供了现实的路径。微文化环境虽是开放性的，但是在某种程度上对个体而言又是隐匿的。所以，微文化时代的自由应该是有限度的，需要人的道德自律与法律约束层面的主观意识。面对微文化时代，越来越需要清醒理智，谨言慎行。例如在网上发言，要负责任地说话，面对不同意见的争论时，更要以理服人，注意文明用语，更不能僭越法律，这样才能营造健康的微文化背景氛围。大学生思想政治教育是系统的育人工程，这一工程的具体实施要靠师生双方，但是对教育工作者的要求更高。就目前情况来看，教育者在这方面的素养还有提升的空间。而随着微文化环境的愈加开放，人的主观自由感在微文化平台上也随之增强，在这种场景中，思想政治教育工作者的道德法律素养是大学生思想政治教育有效实施的重要保障，直接关系到微文化环境下大学生思想政治教育的实效性。

总之，大学生思想政治教育的主力军是教育工作者，他们既是教育理念的实施者，也是教育手段的践行者。在微文化环境下，教育者的良好素养是大学生思想政治教育工作与时俱进的必然要求，也是实现教育目的的有力保障。

第三章

微文化背景下大学生思想政治教育的理论基础和知识借鉴

大学生思想政治教育的理论是大学生思想政治教育的基础保障之一。对大学生思想政治教育理论的认识和理解与大学生思想政治教育实践有着极为密切的联系，微文化背景下，只有对思想政治教育理论有一个全面深刻的认识才能从更深层次挖掘大学生实践活动的意义，保证实践活动的方向性。

第一节　微文化背景下大学生思想政治教育的理论基础

马克思主义理论是我国开展各项事业的基本理论依据也是我国经济和社会发展的原则性理论，对大学生思想政治教育的认识和理解必须建立在马克思主义基本理论的指导之下。只有深刻地认识与理解大学生思想政治教育的工作中所蕴含的马克思主义基本原理，才能根据马克思主义理论的客观规律对相关的工作进行组织和调整。

一、社会存在与社会意识辩证关系原理

对社会存在与社会意识的关系的认识，形成了历史唯物主义和历史唯心主义的分界点，马克思对这一历史观基本问题进行了深入回答，形成了社会存在与社会意识辩证关系原理，这一原理主要在马克思的《政治经济学批判》《德意志意识形态》中有较系统的论述。社会存在是社会物质生活条件，它是物质资料的生产方式以及由此衍生出来的人们的生产关系，社会存在主要包括物质生产方式、地理环境和人口因素，地理环境是各种自然条件的总和，是人们的主要改造对象，并且经由人们的改造不断加入物质生产领域，而人口的数量、结构等因素对社会存在具有重要的影响作用，能够加速或延缓社会存在的发展，但

不能起决定作用，在人们的物质生产领域，生产方式是最主要的决定力量，它制约着人类其他活动的产生、发展，决定着历史的发展变化，决定着社会制度的性质、变革、更替等。人类社会发展史首先是生产发展史。

社会意识是建立在人们物质生产生活之上的精神领域，是对社会存在的反映，在社会生活中主要体现为政治、法律、文化、艺术、宗教等意识形态和人们的风俗习惯、社会心理等。社会存在与社会意识存在辩证统一的关系。

（一）社会存在决定社会意识，社会意识对社会存在具有能动的反作用

社会存在是社会意识的根源，社会意识是社会存在的反映，社会意识是随着社会存在的产生而产生，随着社会存在的发展而发展。原始社会时期，生产力低下，人们对各种社会关系的反映还较简单；随着剩余产品及私有制的出现，人们的生产活动向纵深方向发展，人与人之间的社会关系变得更加复杂，反映到意识形态领域，各种意识形态如政治、经济、文化、法律等开始出现，社会意识不是人脑固有的，而是对客观世界的主观影像。

社会意识之所以能够对社会存在产生能动的反作用，在于社会意识很大程度上反映的是统治阶级的思想、情感、意志，这些观念对人的行为具有很强的支配作用。精神力量，能够在一定条件下变成物质的力量，从而改变社会进程。社会意识的反作用主要表现为积极的促进作用或消极的阻碍作用。

（二）社会意识具有相对独立性

社会存在虽然对社会意识具有决定性的作用，但社会意识产生以后，就开始具有一定的独立性，其发展遵循着自身独有的规律。其独立性主要体现在以下几个方面。

一是社会意识的发展变化与社会存在的发展变化不完全一致与吻合，或早或晚地发生。一般地，社会意识滞后于社会存在的发生，因为，社会存在发生变化之后，社会意识还不能第一时间对其作出反应和调整，往往存在一定的延后性，进而对社会存在构成制约作用。腐朽的思想、僵化的体制等都是落后社会意识的体现，应对这些之后的社会意识进行变革和摒弃，但是先进的社会意识却具有对社会存在的预测和指引作用，这种意识是建立在对客观社会存在的科学、合理的把握基础之上的。这两种情况都是社会意识独立性的表现，但这种独立性是有条件和时间界限的，落后意识不可能长久存在，最终都会被与社会存在相适应的社会意识所取代。

二是社会意识的发展具有历史继承性。任何历史时期的社会意识都与其之前的社会意识具有历史继承性，是对以前社会意识的继承与发展，否定与变革，等等。任何思想

体系的创立都是在以前思想素材的基础上进行的，人类文明发展大道一直在向外延伸和扩展。

思想政治教育应将社会存在与社会意识的辩证关系的原理作为理论主导。在进行思想政治教育时，我们必须考察社会存在，摒弃思想政治教育"无用论"和"万能论"两种错误倾向。从社会物质生活的状况中发掘人们思想的状况的根源，从人们的社会物质生活中去探寻产生思想问题的物质根源，并通过改变人们的社会物质生活条件实际地消除它。

二、马克思主义关于人全面发展的理论

根据马克思对人的全面发展的定义，认为人的全面发展是指个人劳动的能力即个人的体力和智力在生产过程中得到多方面的、充分的和自由的发展。人的全面发展在马克思、恩格斯、列宁那里包括许多内容。人的全面发展在劳动实践中形成，人的各方面能力在劳动中得到展示、形成、巩固。在马克思看来，在劳动实践中，人主要形成体力和智力等相关能力，在劳动实践中，人的各方面素质得到提升，进而形成全面的发展。

人的体力得到发展，是指人的肉体因素得到锻炼；人的智力，主要指人的精神方面。在实践中，认识能力得到提高，不断积淀知识，形成相应的思维能力和问题解决能力。人的能力和素质既包括现实能力，也包括潜在能力，潜在能力能够和现实能力进行转化，在不断转化和相互促进过程中，人的生产能力、思维能力、意志力等不断得到提升。

人的全面发展中的"人"，不但指单个的人，还包括全体社会成员的全面发展。个体的人处于社会之中，不可能和社会脱离，社会的进步及全人类的发展才能促进和巩固个体发展的成效。只有全社会成员的共同发展，才能最终实现人类的彻底解放。

第二节　微文化背景下大学生思想政治教育的知识借鉴

大学生思想政治教育研究要在微文化背景下实现理论的发展创新，离不开相关交叉学科的视野。寻找相关学科和大学生思想政治教育的交叉点，为大学生思想政治教育的顺利开展提供充分的依据和科学的路径。

一、思想政治教育对教育学理论的借鉴

（一）对中国古代德育思想的借鉴

中国古代思想家很重视关于人自身以及人与人之间关系的学问。如果说西方思想家更多地把眼光投向自然界、向自然界开战的话，那么，中国古代思想家则更多地把眼光投向人的内心世界，注重人的内在修养，即所谓前者更在意"外求"，后者更注重"内省"。因而，在中国教育史上，人的思想修为便成为重要的探讨领域。虽然没有专门术语与论著来讨论这个问题，但关于这些方面的思想是很丰富的，其中更不乏许多精辟的见解。

1. 重生与修身

自原始社会以来，人类就对生、死、神灵等问题进行了思考，只是由于生产力水平低下以及人的认识能力有限，在对这些问题的认识上还存在着扭曲，将自然现象归于神、鬼神的意志，人类处于一种对生存状况无法掌控的状态。

随着原始社会的瓦解，中国进入奴隶制时期。那时候，生产力水平得到提高，生产工具得到改造，人们开始认识到劳动的价值，认识到自身的作用，对鬼神的崇拜程度也随之降低。虽然在进行重大活动之前，仍然会观察天象，听取天的旨意，但将天的意志和人的意志融合起来了。《尚书·皋陶谟》中有"天聪明自我民聪明，天明畏自我民明畏"，意思是说，上天从人的好恶和角度实施奖惩。至春秋战国时期，文化思潮云涌，百家争鸣，各学派对人、国家发展等问题进行了深入思考，其中不乏一些有价值的见解。但比较而言，儒家的"重生"观念与"修身"精神影响最大，且源远流长。

古代的"重生"观对儒家有很大影响。这种思想首先体现为"人贵于物"的思想，《孝经》引孔子的话说，"天地之性人为贵"。据《论语》记载，"厩焚，子退朝，问：伤人乎？不问马"。意思是说，当马棚失火了，孔子并没有问马是否有问题，而是问人是否受到了伤害，这在重畜轻人（五个奴隶抵一匹马加一束丝）的时代实际上是对人的尊重，是对人价值的一种肯定。孔子还极力反对活人殉葬，体现出儒家的重生观念。

汉代董仲舒认为，人与天相通，人具有天的灵性，所以，人区别于一般的动物，并且要高于动物。宋明理学家也强调人的价值，尤其重视人才的作用。南宋的陆九渊说："天、地、人之才等耳，人岂可轻？"正是因为有"重生"的意识，才发展出"养生"的重视，"养生"是人更好生存的途径。"养生"主要体现在两个方面，一是在饮食起居方面的调整，即要注重身体的调理，通过健康的饮食和生活方式确保身体的康健。二是要注重道德修养方面的修养，取得精神方面的和谐。儒家在论及养生时，多取"修身"一词而少用"养生"

的说法，可以看出，其更加重视道德修养。儒家还论证了"德者寿""仁者寿"，意即德高者得寿，仁慈者延寿。历代儒家与养生家对这一命题都有所承袭。董仲舒在《春秋繁露》中提出了"身之养、重于义"的说法。

道家也注重"养生"，但道家更强调根据生命发展规律，达到保养生命、延年益寿的目的。儒家的"重生""修身"是积极入世的表现，儒家更加强调保养好生命去实现自己的人生价值和社会抱负，更好地去修身、齐家、治国、平天下，在国家和社会需要时，他们宁愿舍生取义。

儒家的生死观念是其修身思想的一个高度集中的体现，强调生要有价值，死要死得其所，这其中包含着为国家民族利益而献身的精神。正因为有这样的生命观和价值观，所以，在儒家教化中，注重民族气节、民族精神的培育。

中国传统文化一直重视人的生命价值，重视身心的修养，我们应该积极汲取这些思想中的精华，把修身和养性并重。

2. 重德与养性

周以来，道德问题就一直是中国传统文化的主要内容。人们重德、敬德，注重德行修养，并把人的德行修养看得高于一切，认为人之所以贵于万物，就在于人有道德。

对于德，不同的流派有不同的认识，儒家认为德的核心是"仁"，人与人之间的基本道德规范就是和谐相爱，互帮互助，"己欲立而立人""己所不欲，勿施于人"，等等，这些都是对做人的规范。"德"通常通过伦理规范表现出来，封建社会的"三纲五常"，君臣、父子、夫妇之间的伦理道德，以及人与人相处中的"仁""义""礼""智""信"这是道德的规范。道家主张清净无为即为德，道家更注重人本真个性的保持，认为"得其天性谓之德"，墨家主张"兼相爱、交相利"即为"德"，墨家的"德"带有很强的功利主义色彩，认为人与人之间的相处要互相有利，这样关系才能长久。后世传入中国的佛学则主张多行善，多做有益于他人的事情，即积善行德，最终才能够达到美好的彼岸世界。

在我国传统社会，道德还被赋予了重要含义，董仲舒则认为人神的独创，强调人精神性的一面，认为人应该是有情、有义，有道德的物种。朱熹提出"人与物异在仁义礼智"的命题，认为道德规范的存在是人区别于物的主要标志，将德视为人的本质。这一点背离了唯物主义的立场，陷入了一种抽象论，因为人是一种客观存在，具有物质性，人的本质是社会关系的综合。道德也是由这种社会关系决定的，并且道德随社会的变化而变化。在阶级社会中，人是阶级的人。

道德规范的约束力、规范作用的发挥，还需要靠人的践行，即在生活中不断"养性"，儒家强调"重行"和"反思"，注重对道德的实际践行，道德规范只有在不断的践行中才能成为德行，才能成为德行的一部分。孔子注重将德行修养与济世联系在一起，躬行道德规范的同时，要"修己以敬"，"修己以安人"，"修己以安百姓"。孟子所说的"行"与孔子有所不同。孟子认为人性本善，人生来具有四端"仁义礼智"，只不过要在后天不断巩固发展，以形成良好的品性，后天挖掘提升的过程也是践行良好道德规范的过程。宋代朱熹也很强调"行"的重要性，但他更重视知的重要性，并认为知是行的前提，明代王守仁提出了"知行合一"说，强调道德的认识自觉性和实践性的关系，知主要对指道德意识，行主要指行动，道德只停留在意识层面，不算是真修为，同样道德行为离不开道德认知的指引，二者互为表里，最终形成符合道德规范的行为。清代思想家颜元在道德修养方面也提出重"践履"、重"习行"，主张"德性以用而见其醇驳"，这是以行为（"习行"）之效果（"用"）作为检验"德性"之"醇驳"的客观标准的观点，接近于"实践是检验真理的标准"的思想，在思想史上是很有价值的。

儒家"养性"的主要方法是"内省""反思"。孔子说："见贤思齐焉，见不贤而内自省也。"强调见到贤人要向他看齐，就要学习他身上的优点，看到不贤之人也要认真反思一下自己身上是否也有那样的缺点。同时，孔子强调"日三省吾身"，认为反省要保持经常性，只有这样才能深入反思自身缺点，改正自己身上的不良品行。

儒家"内省"透视出人之为人的高度责任心。人应该对自己进行约束，使自己的行为符合道德规范，通过对优良品行的学习和对不良品行的抵制，使自身形成良好道德品质。

3. 重学与教化

中国古代思想家特别重视学习与教化。《论语》开篇语即为："学而时习之，不亦说乎？"

孔子的学习思想十分丰富，对我国的教育发展做出了卓越贡献。这些思想包括一是虚心好学，"三人行，必有我师"反映出孔子愿意向身边的人虚心请教，"敏而好学，不耻下问"也是孔子爱好学习，具有探究精神的反映。二是孔子主张以学为乐，认为"知之者不如好之者，好之者不如乐之者"，真正以学为乐的人才能够对学习保持浓厚的兴趣，才能够博学。三是孔子认为学习应有的态度是"知之为知之，不知为不知"，只有实事求是，才能保持谦逊的态度，才能够使自己不断进取。三是孔子主张学思结合，认为"学而不思则罔，思而不学则殆"，学习和思考要结合起来，思必须以学为基础，学习后必须要进行一定的思考。孔子在强调乐学、博学的基础上，注重学习态度的培养和学习方法的修正。不主张死读书，读死书。

孔子的教育思想中值得我们借鉴之处还有很多。如"有教无类"思想，主张对学生一视同仁，平等对待每位学生，并且认为受教育是每一个人的基本权利。孔子认为有"生而知之者"，先天因素对一个人有很大的影响，但是后天的勤奋学习对一个人的素质也有重要的影响作用，所以，他提出六艺教学，即礼、乐、射、御、书、数，注重人的全面发展。智育、体育、美育、德育等不可偏废任何一个。这在生产力较低下的年代，是对教育思想的一种开拓。

孔子之后，孟子继承了孔子的教育思想，并且更加重视教育的作用，认为教育是人区别物，是贤与不肖相区别的原因，教育使人的天性得以发挥，对人具有重要的熏陶作用，教育使伦理纲常很好地延续下去。教育是社会秩序建立的基础和基石。孟子主张循序渐进的教育方式，对学生教育要扎扎实实，逐步推进。此外，孟子认为学习要专心致志，不为外物打扰，只有这样，才能够学有所成。

总体来看，儒家重视学习和教化，也将这一思想付诸了实践，如开办私学，游说讲学等，影响了当时乃至以后几千年人们的思想。但儒家的教育教学思想也存在片面性，如只重视人文学科，忽略自然科学的学习，只注重道德品行的陶冶，不注重生产技能的训练等，其教育思想和内容都比较保守，这是我们现在需要注意的问题。

4. 人格独立与人格平等

我国传统文化中注重独立人格的培养，孔子说："三军可夺帅也，匹夫不可夺志也。"即要求不能强迫个人放弃其志向。孟子提出做人要做"大丈夫"不为富贵、贫贱、强威所动，要勇于坚持自己的原则，不随波逐流。这里的大丈夫要求的就是要有独立的人格，能够主宰自己的意志。宋代陆九渊"人生天地间，如何不植立"，认为做人要做一个堂堂正正的人，王夫之也提出"志之自立者，人也"，提倡独立人格。

儒家在肯定每个人都有独立的人格价值以后，又进一步提出了人格平等的思想。孔子"仁者爱人"、孟子"人皆可以为尧舜"、荀子"涂之人可为禹"等都说明在人格面前，每个人都是平等的。

儒家关于独立人格与理想人格的思想对塑造人的主体精神与向上的人生态度具有积极的意义。但是其也过分夸大了道德因素的作用，忽略了经济制度与政治制度的影响，在制度不平等的社会中，人也不可能形成独立人格和理想人格。

总之，中国古代思想家关于人的教育的思想丰富绚烂，在进行思想政治教育过程中，应将这些思想不断发扬光大。

（二）对近代教育理论的借鉴

1. 思想政治教育对认知主义学习理论的借鉴

在认知主义学习理论学派看来，学习个体本身作用于环境，人的大脑的活动过程可以转化为具体的信息加工过程。其中，认知主义学派的代表人物加涅认为最典型的学习模式是信息加工学习模式，如图 3-1 所示。

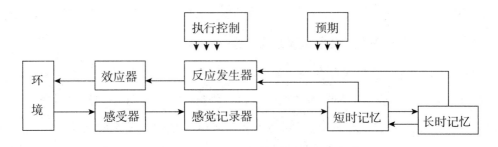

图 3-1　学习的信息加工模式

学生从环境中接受刺激，将其转变为神经信息。这些信息有些在大脑中得到登记，其余的很快就消失了。被感觉登记了的信息很快进入短时记忆。但短时记忆信息容量有限。当信息离开短时记忆进入长时记忆时，信息以编码的信息被储存。当需要使用信息时，这些信息可以直接通向反应发生器，发生操作行为；也可以再回到短时记忆，然后再通向反应发生器。

加涅认为，每一个学习行动都可以被分解成八个阶段，如图 3-2 所示。方框上面是该阶段的名称，方框里面是在该阶段学生内部的主要学习过程。

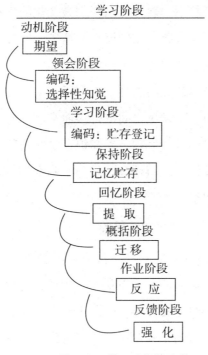

图 3-2　学习过程的阶段

思想政治教育工作可以将认知主义学习理论研究的结果运用于教育教学实践，注重传播信息的简洁性、易懂性，要及时、持续地向受教育者传播教育内容和信息，形成学生的长时记忆。

2. 思想政治教育对建构主义学习理论的借鉴

建构主义认为世界是客观存在的，但学习者能够感受外部世界的刺激，并能够构建外部世界的意义，这种理论强调学习情境的创设，强调学生已有知识和经验对外部世界建构的意义。在建构主义学习理论中，"同化"和"顺应"是两个基本的概念。同化是指认知结构数量的扩展；顺应是认知结构性质的改变，经历以上过程，学生才能形成对新事物的意义认识，新知识新技能才能入脑入心。

所以，建构主义学习理论强调学生学习的主体地位，认为学生应该积极搜集资料，对信息进行编码和解读，最终形成有自己痕迹的知识和经验，学生学习的过程是知识与学生原有经验相互作用的过程，学生的认知水平也在这样的过程中不断得到提高。

建构主义学习理论认为情境、协作、会话和意义建构是学习环境中的四大要素。学习情境是学生自主学习的场所，也是对学生形成刺激的因素综合，所以，在教学过程中，教师要创设情境，教学情境的设置要尽量贴合学生的生活实际，使学生不陌生，或能够激发学生兴趣，调动学生学习、探究的积极性，这样学生才能调动自己原有的知识储备，对新知识进行积极构建。微文化背景下，教师可以利用微文化的优势，为学生创设更加生动的情境，如提供丰富的图片、影像资料，或创设真实情境，使学生主动参与学习过程。建构主义学习理论强调学生之间的互相启发，彼此沟通，毕竟一个人的经验是有限的，大家畅所欲言，互相帮助，更能够开阔彼此的思维，有利于新知识的学习。基于这一点，教师可以增加学生提问、互动的环节，使学生之间进行沟通交流，使大家的经验互相分享。当然，建构主义学习理论最终还是强调新事物、新知识在学生头脑中所起的作用，即学生要完成知识的意义建构。所以，在课堂总结环节，教师要明确学生认识结构的构建，使新知识与旧知识在学生头脑中联结起来。

3. 思想政治教育对人本主义教育思想的借鉴

人本主义坚持以人为本，研究人的本性、价值、经验等。人本主义教育理论以人的自我实现和全面发展为出发点，认为人应该在身体、精神、理智等方面达到整体和谐。这种思想是基于人是活动、发展的主体而提出，以促进学生个性的形成，以满足学生多方面的需要为目的。学生只有在潜能得到充分发挥，意志得到充分尊重，才能形成走向成熟和自律。人本主义教育思想的代表人物罗杰斯于20世纪60年代提出了"以学生为中心"的教育教学思想，认为教育要培养情感与认知共同发展的人才。

微文化背景下的思想政治教育工作更应该以这种理论为指导，承认学生的主体地位，以更加丰富、有趣的教学活动，以更加亲密的沟通方式，以更加及时、新颖的教学内容感染学生，教育学生，使整个教学过程更符合学生认知需求、情感需要，使学生在情感和理智等多个方面达到和谐一致。通过提供学生个性自由发展的机会，鼓励关怀学生，凸显学生应对变革的能力和创新能力。种种鼓励学生自我变现、自主发展的行为都是人性化的表现，是人本主义所提倡的。

4. 思想政治教育对素质构成理论的借鉴

人的素质是指人的内在品质的总和，是人通过学习、训练和内化等过程而形成的稳定的基本品质结构，包括人的身体、心理、思想、知识、能力品质等。

（1）大学生素质的层次。大学生素质主要由思想素质、思维素质、能力素质、身心素质构成。思想素质主要是指学生的思想道德水平和品质；思维素质是大学生的思维品质，涉及思维地敏锐性、持续性等特征；能力素质主要指大学生分析问题、解决问题能力；身心素质主要指大学生的身体素质和心理素质两个方面。

（2）大学生核心能力素质。大学生的核心素质主要为知识、技能、品质、个性、身心五个方面。这五大方面又包含诸多具体的素质要求。

（3）大学生胜任素质。在专业实习中大学生也需要具备各方面的素质。如专业知识和技能、学习及工作态度、品质及能力等。其模型如图 3-3 所示。

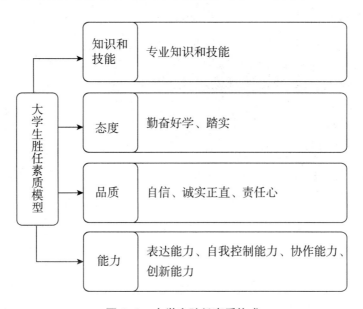

图 3-3　大学生胜任素质构成

思想政治教育工作者应根据大学生素质要求，具体、深入地对大学生进行教育，以促进学生的全面发展。

二、思想政治教育对管理学理论的借鉴

（一）思想政治教育对人性假设的借鉴

人性问题是管理学与管理心理学研究的重要领域，因为人是重要的管理对象，管理方法的实施、管理组织的构建，管理制度的设立都要考虑到人的因素，甚至每一项管理决策或管理措施的背后都有人性假设的存在。

复杂人性假设理论是由埃德加·薛恩等人率先提出的。复杂人性假设理论认为人的需要是多种多样的，并且会随着人的自身发展和社会生活条件的变化而变化，人在同一时期内的不同需求和动机相互作用，最终形成复杂的动机。处于不同工作环境，担当不同工作任务的不同部门和单位的人具有不同的动机，管理者应根据一个人的动机的变化，及人的动机的不同，采取不同的管理方式。约翰·摩尔斯和杰伊·洛希则根据薛恩的"复杂人"人性假设提出了新的管理理论——应变理论，这一理论强调要根据职工的个体差异，采取灵活多变的管理方式。

复杂人性理论在思想政治教育中的应用主要体现在对学生的因势利导、因材施教上，因为学生的动机是复杂的，学生的需要多种多样，所以，因根据学生的认知水平、不同的兴趣爱好等给予不同的管理与教育。在新媒体环境下，教育者更应该利用多种方式去了解学生，把握学生的思想动向，使学生的需求、渴望得到满足。

（二）思想政治教育对管理激励理论的借鉴

20 世纪初，管理心理学家对如何激励人更加有效地工作进行了研究，之后形成了内容激励、行为激励、过程激励等相关理论。

内容激励理论主要从人的不同需要入手，研究需要的满足对人的行为的激励作用，马斯洛的需要层次理论是内容激励理论的典型。马斯洛认为，人的需要按重要性程度分为生理需要、安全需要、社交需要、尊重需要和自我实现的需要，如图 3-4 所示；其中，生理需要、安全需要、社交需要是人类的低层次的需要。只有满足了这些需要，个体才能感到舒适。尊重需要、自我实现的需要是人类的高层次的需要，它们主要是为了个体的成长与发展，需要的满足对人的行为具有激励作用。

图 3-4　马斯洛的需要层次理论

　　行为激励理论主要从影响人的外部环境入手，认为通过创设外部条件，提供激励因素，进而达到改变人的行为的目的。行为激励理论包括斯金纳提出的强化理论、海德等人的归因理论。

　　过程激励理论则注重人的行为与动机之间的心理过程，通过合理目标的设置，愿景的创设等来激发人的工作积极性。洛克的目标设置理论目标设定理论是这一理论的典型代表。洛克认为目标本身就具有激励作用，目标能使人们的行为朝着一定的方向努力，并将自己的行为结果与既定的目标相对照，及时进行调整，从而能实现目标。

　　大学生思想政治教育应该将管理学的激励理论引进来，正确理解学生的个人需要，对其合理的个人需要进行支持，对其有意义的个人需要进行强化，对其不合理的个人需要积极引导。同时由于低层次的生理需要、安全需要较容易满足，而高层次的需要如尊重的需要、自我实现的需要等须在社会关系中才能得到满足，对个人的身心健康有更重要的影响，所以，思想政治教育工作者要善于维护学生的自尊心、自信心，通过创设轻松愉快的人际氛围，增强其对集体的认同，满足其交往和自我实现的需要。

　　在思想政治教育过程中，要合理设置思想政治教育目标，并能够将思想政治教育的总体目标根据学生当前需要及接受能力，转化为具体的目标，使之能够充分发挥对学生的激励作用。最后，要及时对思想政治教育实施效果进行评估，通过奖惩措施强化教育效果。

（三）思想政治教育对控制理论的借鉴

思想政治教育可从以下几个方面借鉴控制理论。

（1）思想政治教育工作者应当确定教育效果的衡量标准。以往衡量教育效果的内化和外化状况的标准应当根据新媒体的特殊情况作出调整，并在此基础上制定能够反映新媒体影响的衡量指标。我们认为衡量思想政治教育效果的指标由教育者的资源投入和受教育者的观念和行动情况两大部分组成。当标准确立后，教育工作者还应当从众多的评价指标中选取重点，实施有针对性的控制。

（2）应当建立信息反馈系统。思想政治教育队伍中应当专设思想政治教育信息反馈员。他们利用科学的信息反馈系统，将学生的实际思想状况及时反映给思想政治教育主管人员，以便他们与事先确立的标准进行对比，及时发现问题。

（3）应当采取措施对出现的偏差进行纠正。教育者首先应当分析思想政治教育中出现偏差的主要原因，然后选择恰当的纠偏措施。

三、大学生思想政治教育对社会学理论的借鉴

思想政治教育目标需要通过思想政治教育活动去实现，人的社会化目标要通过人的社会化去实现。人的社会化理论对于思想政治教育目标的实现具有重要的借鉴价值。

（一）社会化的内涵和意义

社会化就是社会将一个自然人转化成为一个能够适应一定的社会文化，参与社会生活，履行一定角色行为的社会人的过程，社会化是一个自然人成为一个合格的社会成员的必经过程。

（二）社会化的内容与人的全面发展

大学生社会化能够给思想政治教育提供良好的教育基础，能够使大学生整体素质得到提升。其中，社会化能够使自然素质，即遗传素质得到改善与发展，能够使人的社会素质即人的思想道德素质、科学文化素质、劳动素质等得到发展，并且促进人的专业素质的提高。

1. 社会化过程与人的自然素质

人的自然素质是指构成人的诸自然要素的内在规定性，是人们身心发展的物质基础。人的自然素质包括人的解剖生理特征和生理机能特征。人的自然素质主要是先天遗传的，

但与后天的营养、锻炼和保健密切相关。社会化过程与自然素质的关系主要体现在以下几个方面。

（1）社会化过程为自然素质的形成提供现实基础。生命存在是人存在和发展的首要前提，而物质条件是生命存在的基本前提。自然素质的形成取决于父母的身心健康状况、胎儿环境及后天的营养与保健。社会化过程的基本形式是生产劳动，生产劳动不仅为人类自身提供"直接的生活资料"，成为人类赖以生存的手段，而且也创造着人类自身，成为制约人自身形成和发展的物质基础。

（2）自然素质在社会化过程中得到改善和发展。虽然自然素质主要是先天遗传的，但遗传因素只是一个基础，它好比一粒种子，必须播种于沃土里，在阳光、肥料、水分等一系列外来因素的刺激下，它才能破土而出、茁壮成长。自然素质不仅有一个后天的形成过程，也有一个后天的改善和发展过程。只有积极参加社会化过程，在社会化过程中接受最有效的外界刺激，人的解剖生理特征与生理机能特征才能得到改善与发展，否则就会向退化的方面发展。英国经济学家约翰·贝勒斯认为：劳动对于身体健康犹如吃饭对于生命那样必要，劳动给生命之灯添油。马克思同意他的看法，并预见在共产主义条件下，无论对于"正在成长的人"和"成年人"来说，劳动"过程同时就是身体锻炼"。恩格斯认为，人的手、人的大脑，不仅是劳动的前提，而且是劳动的产物。

（3）自然素质与人的社会化过程相互作用。自然素质在社会化过程中形成、改善与发展，同时，自然素质对人的社会化过程也具有反作用。自然素质对人的社会化过程的反作用不是直接的。自然素质是人的综合素质的物质前提，而人的综合素质是人从事社会化过程的主体基本条件。

2. 社会化过程与人的社会素质

社会素质是在自然素质的基础上，通过后天的学习和实践而形成的。社会素质包括思想道德素质、科学文化素质、身体素质、审美素质、劳动素质、情感素质等组成因素。社会素质是在社会生活中形成与发展的。具体说来，人的社会化过程与社会素质的关系主要体现在以下几个方面。

（1）社会化过程决定人的社会素质的形成。

人的社会素质是在社会中形成的，离开社会环境尤其社会化过程的作用，就不可能形成人的社会素质。鲁迅曾说，即使天才，刚生下来的第一声啼哭也绝不会是一首好诗。要使"天才"得以施展，必须具备相应的社会环境并积极参加社会化过程。世界各地发生的野生儿事件也说明了这一点。按理说，人的后代自然具备人的特征，但当刚生下的孩子被野兽叼走后，情况就发生了变化，他们长大后不仅不具有人的社会特征，连人的生理特征也退化了。当他们返归人间后，尽管经过耐心训练，仍然不可能达到正常人的水平。

（2）社会化过程决定人的社会素质的发展。

人的社会素质不仅在社会中形成，也只有在社会中才能得以发展。社会化过程决定人的社会素质的发展水平与发展范围。"社会化过程决定人的社会素质的发展水平"包含两层意思，一是指社会化过程的水平决定人的社会素质可能达到的水平；二是指人们只有积极参加社会化过程才可能使自己的社会素质达到社会化过程所要求的水准。以科学文化素质为例，表面看来，人的科学文化素质似乎是由教育决定的，但教育也是一种社会化过程，而且，教育的水平与规模也是由总体社会化过程水平决定的。社会化过程向人们提出需要解决的实际问题，促进人们的创造性思维；而且，社会化过程还向人们提供认识世界和改造世界的有效手段。人的科学文化素质是由总体社会化过程水平决定的，人们也只有积极参加社会化过程才可能使自己的科学文化素质达到当代实践所要求的水准。在古代，由于当时的实践水平极其有限，人们的科学文化素质也极其有限；在当代，人类的社会化过程所能达到的深度和广度及发展的速度与古代相比已不可同日而语，人们的科学文化素质也呈突飞猛进的态势，人们，只要一段时间脱离社会化过程，或不了解各项实践的最新进展，就有自己所掌握的知识已经落后、陈旧、跟不上时代发展之感。

"社会化过程决定社会素质的发展范围"是指社会化过程状况决定人们的社会素质发展的深度与广度。社会素质包括德、智、体、美、劳、情绪因素，不同的社会化过程状况对社会素质诸因素的客观要求是不同的，并因此决定了人的社会素质的发展可能达到的范围。比如，农业经济跟知识经济所要求的人的社会素质是有巨大差别的，并因此决定了这两种不同的时代（或实践状态）造就的人的社会素质必然存在巨大差别。

（3）社会素质对社会化过程具有反作用。

社会素质一旦形成，就会作为人活动的主体条件反作用于社会化过程。社会化过程是主观见之于客观、主体作用于客体的社会活动，其中，主观因素或主体因素居于主导方面。主体素质如何直接关系到活动的质量如何。人的社会素质是人的综合素质的基础，在人的综合素质中起着中坚作用。因而，社会素质的优劣从根本上决定人的综合素质的高低，从而构成对社会化过程的巨大的反作用。

3. 社会化过程与人的专业素质

专业素质是指人们从事一定专门工作的潜在能力或综合水准。专业技术水平与专业道德是专业素质的核心内容。专业素质与社会化过程的关系主要表现在。

（1）专业素质在社会化过程中形成与发展。

专业素质是在社会素质的基础上经过一定的专业教育和专业实践而形成和发展的。专业教育是指给予人们由于社会分工决定的从事某种特定的专业工作所需要的知识技能的教育。专业实践是指亲身参加某种行业的工作。正如毛泽东同志所说，要想知道梨子的滋味，就得亲口尝一尝。要想胜任某种职业或成为某方面的专家，就必须接受相应的专业教育、从事相应的专业实践。有的专业看似简单，但个中技巧往往要经过一番专业实践才能真正掌握。专业素质不仅在社会化过程中形成，也只有在社会化过程中才能得以发展，所谓"熟能生巧"说的就是这个道理。有经验的猎人可以凭借野兽的脚印判断其行踪，有经验的老农可以凭观察掌握气象变化，音乐指挥家能够辨识任何一丝不谐调的乐声……各行各业人们的专业素质只有在长期的专业实践中才能达到精深的程度。据调查，大学生毕业后，如果不再从事本专业的研究，仅仅两年以后，其知识、技能的遗忘率就达40%以上，而且时间越久，知识遗忘率就越高。

（2）社会化过程制约专业素质的发展。

人的专业素质是随着社会分工的产生而产生、发展而发展的。当社会化过程处于旧式分工的情况下，由于人们的劳动是异化劳动，人们的专业素质必然受到扭曲。在资本主义条件下，劳动者迫于生计只能在充当资本家赚钱的手段的同时获得片面、畸形的发展，劳动者的专业素质必然受到很大局限。受剥削制度所制约的旧式分工将随着生产力和科学技术的高度发展而最终归于消失，但这并不意味着劳动分工的消失。基于现代科学技术和社会化大生产发展客观规律基础之上的合理的社会劳动分工是生产的必要环节，是整个经济和社会发展的必然要求。未来的劳动分工只会越来越精细、协作也越来越密切，分工和协作越来越趋于科学化、合理性，并因此而要求人们具备越来越高的专业素质。

（3）专业素质对人的社会化过程具有反作用。

专业素质的高低直接影响社会化过程的水平。社会化过程具体表现为人们改造自然、改造社会的各种活动，有多少种活动就有多少种专业。人们在自己的活动中表现出来的专业技术水平、专业道德、专业情感等，必然关系到一个社会的总体实践水平。美国、德国等国家都认为，日本之所以能在战后迅速崛起，一个主要的原因，是日本的劳动力具有良好的专业素质。尤其突出的是，日本的普通工作人员都具有良好的专业道德和专业技能。

以上侧重于从人的个体素质的角度谈社会化过程与人的素质的关系。从人的群体素质的角度看，社会化过程与人的群体素质跟社会化过程与人的个体素质具有相类似的关系。对于一个民族、一个国家乃至整个人类而言，其群体素质是在社会化过程中形成与发展起来的，并受到社会化过程状况的制约。反过来，群体素质如何，又将作为人们活动的主体条件，反作用于整个社会的实践。

（三）关注大学生社会化过程，提高思想政治教育实效性

一方面要鼓励大学生积极参与社会实践。社会实践是人类一切知识、经验及创造性思维的源泉。马克思主义创始人认为，生产实践是人类最基本的实践活动，生产实践使生产者也改变着，陶炼出新的品质，通过生产而发展和改造自身。在教育中得到的知识、经验与思维方式只有通过实践的不断检验、巩固和发展，才能真正内化为主体所具有的素质。基于实践对思想政治教育的重要作用，要鼓励学生大胆接触社会，进行社会实践，通过勤工助学、社会帮扶、毕业实习等途径进行历练。

另一方面要积极教导大学生遵循社会生活规范。思想政治教育的根本目标是教育人、培养人，使学生成为德、智、体、美、劳等全面发展的好学生，在以后走上工作岗位后是一名好公民。所以，思想政治教育工作者要积极开展社会主义核心价值观、新时代中国特色社会主义思想等社会规范教育，端正大学生的思想和行为。

四、大学生思想道德教育对伦理学理论的借鉴

伦理学是研究社会道德现象，揭示道德发展规律的科学。思想政治教育的重要内容之一就是道德教育，思想政治教育可以借鉴伦理学关于个体道德认识提高、情感培育、意志锻炼、行为养成等方面的理论。

（一）道德认识的提高

所谓道德认识，主要是指人们对个人同社会和他人的关系，以及对一定社会或阶级用以调节这种关系的理论、原则和规范等的了解和掌握。从层次上看，道德认识可以划分为感性认识（如生活经验）和理性认识（如运用概念和道德判断等）；从内容上看，无论是感性认识还是理性认识，都是为了要掌握道德观念和范畴（如善、恶、义务、良心、正义等）以及根据一定的道德原则和规范，对社会现实道德关系和行为（包括本人行为）的道德价值进行评价。

道德认识是学生形成和发展自身品德的认识基础。道德认识能够帮助学生形成道德的义务感，增强学生对善恶的辨别能力，提升学生的良知感。道德认识的形成主要是指道德观念、道德信念及道德评价能力的形成。道德观念是一个人对是非的基本判断，是对什

么该做，什么不该做，社会提倡什么和批判什么的基本认识。只有树立正确的观念，才能形成良好的道德认识。道德观念的培育不仅在于明确社会规范，深入领会道德行为准则的要求，更重要的是能够将这些规范、规则进行内化，形成自身的道德需要。

道德信念是在道德认识基础上产生的，是道德认识的深化，道德认识只是一瞬间或一时间的观念，还不稳定，只有道德认识转化为道德信念，才能够具有稳定性和行为推动性。道德信念是对某种人生观及行为原则的笃信，是道德情感与道德意志的统一，在道德品质中居于主导和核心的地位。

道德信念的形成是一个长期的过程，非朝夕之间所能完成。所以，在引导学生道德信念的过程中，要认清学生的内在道德坚持，剖析其处于内心深处的人生观、价值观，端正其道德认识，增强其道德情感，使其形成坚定的道德信念。一要加强学生对道德理论的学习，使其对自身道德品质形成发展规律形成清晰的认识，增强其道德践行的自觉意识。二要将理论积极付诸实践，使学生的道德理论知识在实际中得到应用，使道德认识及道德情感得到巩固与发展。

道德评价是对道德行为做出的肯定或否定的判断，道德评价能力的发展是道德认识形成的主要标志。道德评价在日常生活中经常发生，甚至于人无时无刻地在进行着是非分析、道德判断，不断修正着自己原有的道德认知，道德评价对自身行为具有调节作用，正确的道德评价能够促使自身道德行为的养成与巩固。

学生的品德发展是一个从不知到知，从不成熟到成熟的过程。一般地说，初中阶段是品德成熟前动荡不稳的时期，到了高中阶段特别是大学阶段基本趋于稳定。这样看来，提高学生的道德认识，初中阶段是关键。抓好这一关键期的道德认识教育，对学生良好道德品质的形成十分重要。

个体品德发展在大学阶段虽然趋于稳定、趋于成熟，但仍具有可塑性、可变性等特点，大学生思想道德观念仍较易受到外界因素的影响，学生中思想堕落、道德观念模糊的现象还时有存在，这些问题的存在说明大学生的道德观念还有待提高。因此，在教育过程中更要因材施教，提高学生的道德认识。要坚持正面教育和鼓励教育相结合，坚定学生向先进看齐的意志和信念。

（二）道德情感培养

道德情感，是基于道德认识而产生的人类特有的一种高级情感，这种情感是对道德关系和道德行为进行认识和评价的基础上形成的爱好或憎恶的情感态度。

道德情感是形成道德行为的催化剂，道德认识对人的行为的推动作用是有限的，道德情感的推动作用是巨大的，情感是一种稳定的、高级的具有巨大能量的推动力量，这种力量能够促使学生履行其应有的道德义务。

学生道德情感的培养要注意三个方面：一是要创设良好的环境，包括班级环境、宿舍环境、校园环境等，良好的环境具有潜移默化的影响作用，能够激发学生相应的道德情感，如班级荣誉感等。二是在培养的方式上，要注重引发学生的感情共鸣。教师要以身作则，为人师表，以情动人，做学生的良师益友，在讲述和评价道德行为时，应带有明显的情感倾向性，尤其在奖惩、褒贬时，应该态度鲜明，以激起学生的共鸣。师生情感的共鸣，能在学生情感上产生一种直接感染力量。三是要激发学生对榜样的敬慕之情。要多宣传先进、弘扬典型，鼓励学生多接近优秀教职员工和优秀学生，引导学生去体验进行每一次道德活动所获得的愉悦和满足，以发展他们深厚的道德情感。

（三）道德意志的锻炼

所谓道德意志是完成道德行为的坚持力，它是在道德认识和道德情感的支配下，克服困难和干扰，笃行道德规范的一种精神力量。在道德意志的支配下，人们的道德行为才能够坚持下去。

在践行道德的过程中，会有诸多顾虑，如是否会给自身带来麻烦，是否会引来他人的评论、亲友的埋怨，等等，尤其在歪风邪气中，要经受住错误舆论的非难，要坚持正确的做法，遵守道德的约束是需要莫大的勇气的，所以，不论是和自己内心的顾虑作斗争，还是要和环境抗争，都需要道德意志。这是一种顽强的力量，能够帮助一个人克服各种阻碍和制约。

总之，任何道德履行的行为都不是畅行无阻的，其中肯定会因为各种因素而导致个人畏缩不前或半途而废，在与个人冲突、态度、观念、情绪抗争的过程中，道德意志发挥着重要作用。

坚持性和自制力是道德意志的主要特征，学生在这两方面，会因年龄及身心条件的不同而出现差异。一般来说，大学生比初中的学生控制能力明显要强。同时，在不同的集体中，由于集体的道德面貌不同，学生道德意志的控制力往往会出现两种截然不同的状态，因而其道德言论和道德行为的一致性也有差异。在良好的班集体里，学生能较为普遍地遵守纪律，自觉地支配自己的道德行为；相反，在差班里，违反纪律的行为十分普遍，明知故犯的现象十分严重。这说明，建立良好的班集体，是发展道德意志的重要条件。因此，我们要根据这些特点，正确引导学生的道德意志锻炼。一是要严格要求创造优秀班集体。因为从学生道德意志的特点来看，一个优秀的班集体对学生道德意志的发展起着非常重要的作用。辅导员要确定集体奋斗目标，组织和培养优秀班干部，并有计划地开展活动，制造正确的舆论，培养优良的班风，以形成一个坚强的扶正祛邪的班集体。

（四）道德行为的培养

道德行为是履行道德义务的行动，道德行为也是衡量人们道德修养水平的重要标志。一个人的品德如何，主要得观其行。道德行为在学生品德发展中具有极为重要的作用，只有在履行道德规范的活动中，才能使学生的品德得到发展。

学生的道德行为习惯的发展与其世界观、人生观、价值观的萌芽、形成是统一的。另外，养成良好道德行为习惯对大学生的品行修养具有重要的影响作用。

在对学生进行道德行为的培养中，一是要注重学生道德行为方式和技能的掌握，使其深入把握学生行为准则，深刻理解道德行为情境等。同时，要注重学生道德智力水平的培育，使其对道德问题进行自主抉择。二是培养学生的道德行为习惯；通过提供榜样，或在生活实际中进行引导，批评、纠正其坏习惯，提高其与坏习惯作斗争的勇气和决心。

五、大学生思想政治教育对传播学的借鉴

（一）大学生思想政治教育传播学研究视角的意义

大学生思想政治教育是以人的思想政治品德为对象的教育活动，也是一种信息传播活动。分析大学生思想政治教育活动的传播学理论基础有利于大学生思想政治教育的深入开展。

从传播学的角度研究大学生思想政治教育，一方面有利于思想政治教育的传播运作规律的认识。因为新媒体时代，信息传播渠道多元化，信息传播速度更加快捷，这给大学生思想政治教育也带来了新的挑战，如教育环境的变化，教育内容的调整，教育手段的更新，等等，大学生思想政治教育应主动面对新任务。另一方面，从传播学的角度研究大学生思想政治教育能够与大学生更加贴近，从大学生对信息的反应、反馈、接受等方面来研究大学生群体，能够达到凝聚人心、传递规范的教化功效。

（二）大学生思想政治教育的传播模式

在各种各样的传播模式中，最主要的两种模式是心理学模式和工程学模式。心理学模式关注的是信息传播因素对接收者产生的影响。其中，工程学模式以香农—韦弗模式为

代表。此模型把传播过程分成七个组成要素，如图 3-5 所示。香农—韦弗传播模式成为其他许多传播模式的基础。

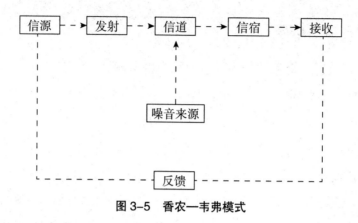

图 3-5　香农—韦弗模式

1954 年奥斯古德提出了双行为模式，如图 3-6 所示。他认为在传播活动中，每个人既是发送者，又是接收者，既编码又译码，都具有双重行为。

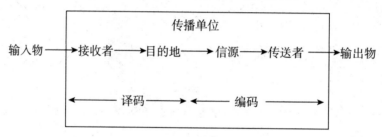

图 3-6　奥斯古德的双行为模式

以上两种传播模型和理论是思想政治教育传播模式的基础，思想政治教育中的传播模式主要包括以下几个方面。

1. 直线传播模式

以教育者为中心，以言语和文字为传播媒介，向受教育者灌输式地传授思想观念、政治观点、道德规范等讯息；受教育者单向地、被动地接受教育者灌输的教育内容。在这里，我们把这种片面强调教育者的权威性和指导性、忽视受教育者的主体性的传播模式，称之为单向线性的思想政治教育传播模式。

直线式传播模式的目的性强，能够产生最直接的大学生思想政治教育效果。但是缺点也非常明显，就是这种传播模式并没有收到大学生对思想政治教育内容的有效反馈，不利于大学生思想政治教育内容在大学生群体之中的进一步传播。

2. 双向互动传播模式

有很长一段时间思想政治教育传播模式是单向灌输型模式，现在人们已经认识到这一模式存在诸多弊端：把传播过程看成单向的过程，认为只要灌输就会产生强大的效果，忽视了反馈、环境因素、噪声等在传播中的影响。因此，应在传统的传播过程的基本构成要素之上，特别强调反馈、环境和噪声三因素的重要性，并依此构建现代思想政治教育传播过程的模式，这称之为思想政治教育传播的双向互动型传播过程模式。

在双向互动传播模式中，大学生思想政治教育的主体要采取一定的办法排除传播过程中的噪声干扰，使得信息传播更加有效。

3. 控制论传播模式

这是一种双向的循环式运动过程，其显著特点就是进入了反馈机制，这一机制的引入使信息传播形成了循环往复的过程，能够使我们及时把握信息接收者的态度，不断调整信息传播的内容及方式。根据这一模式的原理要求，我们可以建立反馈调节的思想政治教育传播模式。

传播者以教育目标为依据，选择有效内容与信息将之传播给受传者，受传者在接受信息之后进行反馈，传播者根据反馈信息进行行为调整，形成新的信息输出，从而构成了一个良性循环的信息传递网络和系统的信息通路。

第四章

微文化背景下大学生思想政治教育
的教学理念和原则指导

利用微文化进行大学生思想政治教育，符合现代社会发要求，有利于拓展大学生思想政治教育的新阵地。随着互联网技术的迅猛发展，带动了微文化技术的快速发展，出现了多种微文化的形式，包括微信、微博、QQ、抖音、快手等，满足了不同层次、不同群体的需求，对大学生的生活和学习方式都产生了重要影响。在高校中，大学生开始更多的使用微文化方式，如手机或是电子学习器等微文化方式来进行学习，该种学习方式便于实现教、学双方的沟通与交流，促进双方的共同进步；同时，还有利于与其他学生进行互动与讨论，有利于加深对知识的理解与巩固。在微文化背景下，必须要在新的教育理念与原则指导下才能获得思想政治教育的最高成果。

第一节　微文化背景下大学生思想政治教育
的教学理念

在信息社会微文化背景下，大学生思想政治教育教学应树立新的教育教学理念，将微文化技术有机融入具体实践，使学生真心喜爱并主动接受思想政治教育教学内容，有效实现微文化背景下大学生思想政治教育教学的目的。

一、开放创新理念

（一）开放创新的内涵

在计划经济时代，我国形成了一套固有的思想政治教育模式，但是随着我国对外开放程度的不断加深，社会主义市场经济的发展已经取得了一定的成果，原有的思想政治教育模式已经不能再适应社会的需求，因此必须要对大学生思想政治教育模式进行创新。从当前大学生思想政治教育的教学情况来看，在实际操作中，存在着较为严重的短期行为、孤立行为、务虚行为和信念模糊等情况，这对新时代背景下提高大学生思想政治教育是极为不利的。想要全面提高大学生的思想政治素质，就必须要改变以往的教育模式，创新教学理念，在全球意识、服务意识、现代意识的指导下，切实提高大学生思想政治教育工作的质量。

1. 全球意识

全球意识观念的提出是相对于民族意识来说的，指的是人们对于国际事务的认识、理解和看法，蕴含在人的世界观之中。具体来说指的是，一个国家的公民或者社会团体，对本国与他国的交往、本国与他国之间关系的发展及整个国际形势发展状况进行分析时，所表现出来的关注度、敏锐度及了解的深度。从这里我们就可以看出，全球意识并不仅仅就是一种思想认识，而是代表了一种看待世界的价值观取向。全球意识是由多项要素构成的，具体来说，主要有积极、理性地看待国际事务，以开放、平等、看宽容的态度看待世界各地、各民族的文化传统，以及具有国际竞争的高品质思维能力等。

在多元经济文化不断发展的背景下，创新大学生思想政治教育，关键就是要树立全球意识。培养高校师生的全球意识，不仅可以变革以往的思想政治教育理念，同时还可以带动教育目标与教育内容与时俱进，改革大学生思想政治教育模式，满足社会对大学生新的要求。

对全球意识的培养，是我国始终坚持对外开放政策的有力表现，有利于加快我国改革开放的步伐，实现我国政治、经济、文化等与国际的接轨，这正让我国走向全世界。始终坚持对外开放，拥有大批具有全球意识的高素质人才是重要保障。

培养高校师生的全球意识，具体来说需要做到以下几点：

第一，鼓励师生共同关注全球问题，培养他们关注全球问题的执着精神。

第二，要站在国际视野的角度看待和分析问题，既要在站在中国的角度看待世界，同时要在世界的角度看待中国。

第三，在面对问题时，要注重宏观的角度，扩宽自身看待问题的视野，在解决问题的过程中要注重借鉴国际上的成功经验，同时也注意不能一味尊崇国外知识、崇洋媚外。

第四，在面对和解决问题的过程中，尤其在面对国际事务的过程中，必须要遵守国际通行的基本规则。

2. 服务意识

创新大学生的思想政治教育工作，必须要主张对服务意识的强化，坚持将大学生的思想政治教育与社会实践相结合，这不仅有利于提高大学生思想政治教育工作的实效性，同时也有利于满足社会对大学生思想政治素质的需求。要提高思想政治教育工作对大学生的感召力，就必须要站在学生的角度解决问题，帮助学生解决生活和学习上的难题，加强与学生之间的沟通与交流，了解学生的切实需求，疏通信息传播、心理沟通和意见反馈三条渠道。当前，社会上流行的就业方式是"双向选择、自主择业、逐步走向市场"，这就加强了大学生了解社会、走向社会的期望。面对这种新的就业形式，高校必须要做好信息服务方面的工作，具体来所主要有以下几点。

第一，大学生思想政治教育的工作内容要具有实用性。要扩宽大学生的知识面，鼓励大学生关注国际事务发展动向，了解国内外形势以及大政方针的推行。此外，高校要做好对用人单位的信息宣传服务工作，让学生了解不同职位对能力的需求，帮助学生进行职业规划，并做好相应的就业准备。同时，高校也要在各大企业用人单位做好对高校的宣传工作，提高用人单位对本校学生的录用率。

第二，大学生思想政治教育的工作时间要具有经常性。当前我国市场经济快速发展，经济环境瞬息万变，各企业对于用人的要求也在不断变化，因此在对大学生思想政治教育的过程中，必须要跟随当前形势的变化，及时对学生进行就业指导，督促学生学习，让学生感受到就业的压力，增加学生学习的动力。

第三，大学生思想政治教育手段要趋向现代化。当前，新媒体时代已经来临，大学生对新媒体的使用率很高，因此在对大学生进行思想政治教育的过程中，必须要充分运用这个教育的新平台，为大学生提供更加全面的教育信息。

3. 现代意识

人们的行为受到意识的指导，思想一旦在人的头脑中形成，通常就会对人的行动产生巨大的驱动力，因此必须要注重意识的作用，在大学生思想政治教育中，要融入现代意识。当前我们正处于社会大变革时期，无论是政治、经济还是文化都处于巨大的变革之中，世界多元化，经济一体化不断发展，知识经济改变了人们的生活，生产力大大提高，现代文明的气息时时刻刻影响着我们，为了不被时代所抛弃，我们就必须要紧跟时代的发展步伐，用现代意识武装我们的头脑。

虽然很多学者已经对现代意识进行了很多的研究，但是从目前来看，却仍然没有统一的看法。一般来说，人们所认为的现代意识主要包括以下两方面的内容。

第一，思想意识要体现时代性。人的意识始终处于动态发展的过程中，现代意识必须要与时俱进，体现出时代的特征，这对培养创新性人才，促进时代发展具有重要的作用。

第二，思想意识要具有进步性。所谓的现代意识是与传统意识相对应的，之所以称其为现代意识，是因为该意识可以推动社会的发展，符合社会发展潮流，符合经济的发展要求，可以反映出人们对于社会发展的期望，例如，低碳经济就是人们对于经济发展的期望，其中包含了人们的效能意识、资源意识、环保意识、科技意识、创新意识、金融意识等。

想要促进社会的向前发展，就必须要提高人们的现代意识，将科学发展观作为意识的指导。大学生思想政治教育也是如此，必须要将科学发展观作为教育的指导，始终坚持以人为本的思想，坚持学生的主体地位，充分发挥学生的主观能动性，跟随时代的发展，改革传统改的教育观念，促进学生生理和心理的健康成长，将学生培养成为方面发展的人才。

实现学生的全面发展，不仅要注重对学生进行知识理论的教育，同时也要注重培养学生的实践能力，实现学生的内外兼修，满足社会对人才的需求。在进行大学生思想政治教育的过程中，要协调好各方面的关系，正确处理环境与育人之间的关系，推行全面育人的思想观念。此外，还要坚持可持续发展的思想，建立起科学的教育机制，促进学生的内外兼修，实现学生的德、智、体全面发展。要协调处理高校的教育资源，进行合理的分配，坚持统筹兼顾，为学生的健康成长塑造一个良好的校园文化环境。

（二）大学生思想政治教育中"开放创新"的现实基点

1. 大学生思想活动的开放性

大学生，其生理发育基本成熟，心理发育趋于稳定。在大学阶段，随着专业课学习和社会实践经验的积累，大学生的自我意识不断增强，对自身的认识以及自身与周围环境之间的联系的认识不断深化；理性思维能力大大提高，进入了以逻辑思维为主的思维阶段，间接感知能力也同步提高；情感意识也获得了较大增长，体味亲情、注重友情、追求爱情，情商获得较大提高。所有这些，都促成了他们变动不居的思维活动。大学生站在学校与社会的交接点上，对社会、对人生的未来发展抱有无限的遐想。他们思想活跃、斗志昂扬、朝气蓬勃、敢想敢干、勇于批判、勇于创新、不断超越，思考问题能够多角度切入、系统性把握，不拘泥于一人一事、一时一地。他们不屑于盲目附和别人，有主见，能够自主判断，崇尚个性，看待问题有自己的独到见解，不盲从、不唯上、不信邪。他们生活在改革开放、经济全球化的大背景下，能够不断地解放思想、开拓创新、与时俱进，不思想僵化、墨守成规、故步自封。他们的眼光总是指向未来，他们的思想总是联系现实生活。大学校园是他们放飞理想、成就梦想的精神园地，丰富多彩的校园文化是他们开放性思想活动的具体展现，也进一步激发了他们思想活动的拓展和深入。思想活跃、敢于创新，是当代大学生的显著特征，因此，承担着塑造人之灵魂责任的大学生思想政治教育者，应以一种开放的心态、包容的胸襟，采取多种途径和方式来启迪人、培养人和发展人。

2. 现代社会信息环境的复杂多样性

人们的思想活动源于人们所处的环境，环境塑造人。大学生思想活动的开放性从根本上取决于他们所处的社会环境的开放性以及接受信息的复杂多样性。现代社会，任何一个国家都不可能孤立存在，都是在与其他国家的交往中发展的。改革开放以来，中国的命运和世界的命运紧紧地联系在一起，世界上发生的重大事件都会对我国产生一定的影响。我国处于经济转轨、社会转型的历史时期，也是矛盾突发时期，人们的思想观念发生了重大变化。整个社会风气的好与坏都会在大学生的头脑中得以反映，也促使他们的价值取向、理想信念、道德标准、心理倾向发生不同程度的改变。同时，信息时代的到来使互联网成了人们获取信息的主要渠道，大学生上网成了业余生活的主要休闲方式，信息由历时性传播向共时性传播转变，大学生获取信息的速度加快、数量增多、性质多样化。互联网上的信息充斥着大学生的头脑，五花八门的图片、视频让大学生眼花缭乱。其中有很多不健康的，如色情、暴力和凶杀的图片和视频严重地毒害着他们的心灵。另外，西方发达资本主义国家利用其高科技和互联网的优势，通过网络来传递它们的价值观和生活方式以及一些腐朽没落的文化，蓄意腐蚀我国广大青少年，进而达到和平演变的目的。所有这些，促使我们要进一步更新大学生思想政治教育观念，主动适应信息社会的开放环境，积极利用互联网这个重要载体来增强思想政治教育的吸引力和感染力。

3. 高等教育的大众化和国际化发展趋势

随着高校扩招政策的推行，高等教育大众化趋势日益明朗化。高等教育由精英教育向大众教育转变，大学教育的社会化倾向不断发展，教育与社会、与生活的结合越来越突出。在大众化教育的影响下，接受教育的群体不断扩大，而且年龄结构、职业模式、层次水平等等都出现了多样化的特性，他们在价值观念、思维模式、人生追求、生活方式等方面都会出现差异甚至对立和冲突。不同的职业、不同的身份、不同的思想观念，都将在大学中激荡，必将对原有的大学教育模式带来巨大的冲击。因而，大学生思想政治教育必须分清层次、区别对待，同时要探索不同教育方式和途径之间开放融合、协调一致的方法。大学生思想政治教育要体现开放性、包容性、选择性和层次性，把握好不同的教育理念之间的互动效应，推进育人的综合性、发展性。

随着经济全球化的到来，高等教育开始走出国门，向世界和全球拓展，出现了高等教育的国际化发展趋势。

（三）"开放创新"大学生思想政治教育的基本思路

根据现代思想政治教育的基本原理和基本规律，不断创新大学生思想政治教育应遵循理论性与实践性相统一的原则，时代性与实效性相统一的原则，继承性与创新性相统一的原则，真理性与价值性相统一的原则，系统性与开放性相统一的原则。

创新大学生思想政治教育，应贯穿整个大学生思想政治教育的全过程，包括创新大学生思想教育的理念、创新思想教育的内容、创新思想政治教育的方式和方法、创新思想政治教育队伍建设、创新思想政治教育的投入保障机制等。

在创新大学生思想教育的内容上，要坚持以理想信念教育为核心，加强思想政治理论课的改革和建设；要坚持科学精神和人文精神并重的教育；要加强校园文化建设，不断推陈出新；要重视和加强大学生网络道德和法制教育。

在创新学生政治教育队伍建设上，要建设一支精干的专兼结合的思想政治教育队伍；要大力加强师德建设，培养和提高教师个人的人格魅力。除此之外，还要在大学生思想政治教育机制上做到创新，具体表现为：

第一，强化齐抓共管的领导机制。必须创新思想政治教育领导机制，真正形成党、政、团、学分工负责、齐抓共管的工作格局，建立协调的部门联动机制，建立健全大学生教育管理分级责任制。

第二，创建科学的大学生思想政治教育的评价机制，定期进行督促、检查与评价。

第三，实现思想政治教育与社会的接轨。要密切结合大学生实际，开展因人施教、因材施教。要积极引领学生深入社会，在实践中受教育、长才干。

第四，注重培养学生的主体意识和自我教育能力。要注重教育方法的改进，加强教育过程中两主体的双向交流，引导大学生进行自我认识、自我评价、自我约束、自我激励以及自我完善。

第五，创新大学生思想政治教育的保障机制。保证并加大必要的大学生思想政治教育的经费投入；积极为大学生思想教育活动的开展提供必要的设施、设备和活动场所；善于运用现代技术提升大学生思想政治教育的手段；不断建立健全各项规章制度。

二、全面发展理念

（一）大学生思想政治教育中"全面发展"的具体体现

1. 体现在学生的社会实践中

人的发展和不断的自我提升是通过社会实践活动实现的。从历史发展来看，劳动是人类逐渐同动物区分开来，并最终帮助人类彻底摆脱物质和蒙昧，劳动者作为一种重要的社会实践不断地向更文明、更发达的社会阶段过渡。人的社会属性和社会关系正是在各种社会实践当中逐渐形成和发展起来的，社会实践的发展也使得人的发展更加丰富多彩。从这方面来看，如果想要更加全面和自由地发展自己，认识和掌握自然界与人类社会运行发展的基本规律是一个必不可少的条件。当代大学生，为了更好地实现自己的发展应该重视社会实践，积极参加社会实践活动，在实践中不断改造与提升自己，弥补自己的缺陷，成为一名合格的社会主义青年，这也是大学生思想政治教育的根本目的。

人类是通过劳动逐渐与动物区分开来的，劳动也是人类认识世界与改造世界的主要工具，人类正是通过自己的不断努力，创造出了更多的物质财务，形成了更加复杂的社会关系，才真正摆脱束缚成为真正的人。人的本质的实现与社会实践活动分不开，无论是人们物质社会水平的提升，还是精神生活的丰富都必须依靠实现活动才能实现，从这方面来看人的全面发展也必须依赖社会实践。马克思主义认为，人的发展不仅仅是生产工具的发展或者生产技术的几部，人们生活水平的提高，精神生活的丰富以及生命健康得到更好地保障也都是人的发展的外在表现。从某方面来说，人在精神层面上的进步更能说明人的发展，因为人在精神上的进步是人认识发展的体现，它往往更能激励人的进步。

总的来说，大学生的全面和自由发展是大学生思想政治教育取得成功的表现，社会实践是大学生思想政治教育的取得成功的基本途径和根本保障，在大学生思想政治教育过程当中，我们既要注重大学生思想政治教育的理论教育，加强对大学生自由全面发展的教育，又要注重实践，理论与实践相结合才能最大程度激发大学生的个人潜力，保证大学生思想政治教育效果。

2. 体现在学生的生活知识和劳动技能中

刚刚出生的婴儿，基本上就只有吸奶等几项本能，其余的生活知识都要靠后天的学习才能获得。对于大学生思想政治教育来说，表面上看，对基本生活知识和劳动技能的传授看似不是核心教育内容，并且关系不大，但实际上，这两项内容对于大学生形成良好的思想政治素质具有重要的影响作用。从一个人一生的发展来看，启蒙教育是在少年儿童时期，发展教育是在高校学习的青少年时期，这对一个人未来的成长、成才具有重要的作用。这是因为，如果一个人能够在少年儿童时期就养成良好的生活和学习习惯，那么在未来的成长中通常也会坚持，对个人的发展具有重要的支撑作用。

3. 体现在生活目标和价值观念中

对于社会生存的每一个有正常思维的个体来说，都要设置自身的生活目标，这种目标并不仅仅指的是在信念和理想等方面所树立的大的目标，而是说通过自身的努力就很可能会实现的具体的生活目标。一般来说，父母为子女所设定的目标通常是关于家庭和个人发展的；而学校、社会或其他组织则不同，它们需要个人能够为社会的发展做出更大贡献，能够满足社会发展的需求。因此，在大学生思想政治教育过程中，也必须要帮助大学生树立起正确的世界观、人生观和价值观，设置恰当的生活目标，培养学生建立起先人后己、大公无私的风险精神，为中国特色社会主义建设事业的发展做出自己的贡献。

4. 体现在培养学生对社会角色的适应中

所谓的角色指的是剧本中的任务，通常被应用在电影或是戏剧之中。在对社会学的研究过程中，研究者有时也就将"角色"一词的概念作为研究社会结构的起点。社会上的每一个人都会拥有自身的社会角色，进行大学生思想政治教育的一个重要目标，就是要让大学生能够尽快适应自身的社会角色。这是因为，在高校学习的大学生马上就要进入社会，成立独立的社会个体，在这一过程中他们必须要经过角色的转变。通过大学生思想政治教育，帮助大学生克服"角色冲突"，减少大学生适应社会角色所需要的时间，帮助大学生能更好地融入社会，努力承担起自身的责任，充分发挥自身的价值。

（二）"全面发展"的大学生思想政治教育的基本思路

1. 思想道德素质教育

思想道德素质是指个体通过接受一定的教育和参加社会实践活动，经过独立自主、积极理性的思考后形成一定社会或阶级所要求的思想观念和道德准则，并自主、自觉与自愿地做出相应行为的素质与能力。一般来讲，大学生思想道德素质包括思想素质、政治素质和道德素质三个方面。

（1）思想素质教育。对大学生进行思想素质教育，其主要目的是要提高大学生的马克思主义理论素质，使其掌握科学的世界观和方法论，在分析问题的过程中，善于站在马克思主义的观点；培养大学生的创新意识，满足社会的发展需求。

（2）政治素质教育。对大学生进行政治素质教育的目的是，帮助大学生树立起正确的政治观点，提高他们的政治敏感度和判断力，在未来发展中始终坚持正确的思想指导，坚持社会主义发展方向，全面坚持党的领导，听党话，跟党走，为社会主义现代化建设努力奋斗，为建设新时代中国特色社会主义拼搏向前。

（3）道德素质教育。对大学生进行道德素质教育的主要目的是，提高大学生的思想道德水平，遵循道德规范，培养他们对于道德的良好认知能力，树立起为人民服务的价值观念，能够正确处理个人与集体利益之间的关系，始终将集体的利益放在首位。

2. 科学文化素质教育

科学文化素质教育包括科学素质教育和人文素质教育两个方面，这两个方面又是紧密联系、相互渗透、不可分割的。科学文化素质教育的具体内容包括很多方面，从德育的角度来讲，大学生科学文化素质教育的重点在于以下培养两种精神，即科学精神和人文精神。这两种精神是科学文化素质教育的核心。

（1）科学精神是人们从科学活动过程中和科学认识成果中提炼出来的价值准则和行为规范，是人们的认识精神在科学认识上的投影，是人类在漫长而艰巨的科学研究探索过程中逐渐形成而不断发展起来的一种主观的精神状态。科学精神由于是在科学活动的过程中形成并发展起来的，因此，科学精神的内涵也随着科学活动的不断推进而不断得到充实和发展。在当代，科学精神有着新的时代内涵。科学精神的内涵很丰富，最基本的要求是求真务实、开拓创新。

（2）人文精神是一个民族、一种文化的内在灵魂和生命，是贯穿在人们的思维和言行中的信仰、理想、价值取向、人格模式和审美情趣。它是特定环境里各类精神价值的综合，是时代文化精神的核心。以人为本，关注人的现实存在和终极价值是人文精神的主旨，也是人文精神得以产生的源泉。人文精神的培养和人文素质的教育在中外教育史上具有悠久的历史传统。如，我国古代儒家所提倡的"君子""大丈夫"等理想人格教育，近代蔡元培提出"普遍教育的宗旨在于养成健全的人格"等，都是重视人文精神培养和人文素质教育的光辉典范。人文精神是一个历史范畴，在不同的时代有不同的主题。当代大学生人文精神培养的基本内容是根据社会发展需要和目前大学生人文素质的现状来确定的，它主要包括独立人格教育、道德理念教育、人生态度教育和终极关怀教育四个方面。

第一，独立人格教育。独立人格是大学生人文精神培育的基础和前提。一个人只有首先在人格上具有独立性和自主性，不盲目地听从别人，有自己的意见和主张，才谈得上具有人文精神。畏畏缩缩、唯唯诺诺、趋炎附势，连人的尊严都丧失了，又怎么谈得上具有人文精神呢？

第二，道德理念教育。一个人不仅要成为一个独立的人，而且还要成为一个有道德的人。要教育大学生爱人如己，推己及人，设身处地为他人着想；要"先天下之忧而忧，后天下之乐而乐"，具有仁民爱物的胸怀；要热爱自然，保护环境，维护生态平衡。

第三，人生态度教育。在对人生的态度上，要教育大学生具有积极乐观的人生态度，自强不息，开拓进取。人的一生不可能是一帆风顺的，逆境和顺境总是交替出现，伴随人的一生。要教育大学生身处顺境时，不得意忘形，要居安思危；身处逆境时，不怨天尤人，要坚韧不拔，百折不挠，勇往直前。

在人类的精神家园中，科学精神和人文精神占据了重要的地位，二者之间是一种相互联系，互为补充的关系。本质上看，二者都是一样的，都是在人们对于至真、至善、至美生活向往的追求中所产生的。在对大学生思想政治教育的过程中，必须要注重对其科学精神和人文精神的共同培养，这是因为，人们精神可以做支撑科学精神的培养，而科学精神又可以对人文精神的培养进行指导。如果失去了人文精神，那么科学精神也就失去了其存在的真正意义，失去了科学精神的人文精神，同样也是不完整的。因此，对大学生思想政治教育，必须要注重科学精神和人文精神的相结合，克服只重视科学精神教育而忽视人文精神教育或者只重视人文精神教育忽视科学精神教育的错误倾向。

三、社会价值与个人价值的协调理念

（一）人的自由发展及价值实现

1. 自由时间、自由发展与价值实现

实现个人的自由发展的一个重要因素是，拥有自由时间。随着互联网技术的出现和发展，为人们的生产和生活提供了一个广阔的虚拟空间，人们的自由时间也就相对增多，这就为人们增加知识积累、拓宽眼界、提高技能提供了更多的时间。

微文化环境有利于人的自由全面发展，推动个人价值的实现。人们掌握了事物的发展规律从而进行了多项实践活动，其中的一个结果就是导致了新媒体环境的产生。在进行社会实践的过程中，人们逐渐掌握了事物的存在方式和运用规律，人们能动地运用这些规律来对自身的行为进行指导，推动人们实现了自由发展。自由发展的条件是人们在对客观世界自然规律的准确把握中所获得的，自由不在于幻想中摆脱自然规律而独立，而在于认识这些规律，从而能够有计划地使自然规律为一定的目的服务。在信息时代，人类对自然

和规律的不断探索，导致了大量信息工具和设备的产生，这就为人们的自由发展提供了物质基础。

2. 新媒体环境下的价值引导

思想政治教育的目的是通过一定的思想品德、政治理论等教育，促进人的思想政治品德发展，这也是大学生思想政治教育教学的个体价值标准。微文化背景下，教育者应充分运用电子科技资源，加强个体的内在价值引导，最终促进人的思想政治品德发展，是否促进人的全面发展。科学有效的思想政治教育能提高受教育者的心理素质、思想素质、道德素质、政治素质，达到实现个体价值的目的。

推动微文化大学生思想政治教育的发展，应当构建专门的网络平台，然后通过在该平台中发布教育内容，或是通过一系列的教育手段来促进大学生身心的健康发展。在大学生思想政治教育中，最基础的因素就是心理因素，这是大学生形成良好思想道德的基础，同时也是推动大学生不断提高自身能力的强大动力。判断思想政治教育是否有效，可以看通过该教育是否实现了受教育者的个体价值，是否促进了他们的知、情、信、意、行。主观对客观的反映即为思想，通常指的就是所谓的理性认识，其在思想政治教育中处于核心的地位，可以连接学生的心理与行动，是思想政治教育在社会方面的内容，对大学生的思想政治品德的形成具有决定性的作用，有效的思想政治教育能促使受教育者形成良好思想素质，具有正确的思想意识、科学的思想方法、严谨的思想作风，也说明它在提高受教育者心理上实现了个体价值；有效的思想政治教育能促进个体形成良好道德素质，促进受教育者形成科学的道德认识、高尚的道德信念、优秀的道德品质。政治素质是受教育者对国家政治制度、政治设施的正确认识；有效的思想政治教育能促进学生具有鲜明的政治立场、强烈的政治原则意识、坚定的政治信仰、较高的政治知识水平，实现在政治觉悟方面的个体价值。因此，高校利用新媒体开展思想政治教育教学时，应围绕学生心理、思想、政治、道德等领域展开工作，提高学生的心理素质、思想素质、政治素质、道德素质，促进个体价值的实现。

（二）个人价值与社会价值相统一

大学生思想政治教育所包含的价值主要表现在两个方面，其一是个人价值方面；其二是社会价值方面。这二者相互联系，互为补充，共同促进。

1. 两种价值本质上的一致性

本质上看，思想政治教育的个体价值和社会价值是相同的，主要表现在两个方面：

一方面是，人和社会是思想政治教育的价值主体，二者本质上来看是统一的。马克思对于人和社会的关系认为，人是社会形成的基础，而社会则是在共同物质生产生活的基础上从而产生联系的人的总体。人的本质是一切社会关系的总和，具有社会性、历史性、现实性和具体性。社会是由人来构成的，他们存在于社会之中，并不断对社会进行创造。人与社会本质上的统一，就为大学生思想政治教育过程中个人价值和社会价值的统一打下了基础。另一方面是，大学生思想政治教育所包含的个人价值和社会价值之间，是一种相互联系、相互促进、共同发展的关系。我们可从以下三方面来具体进行解释。

第一，个体价值是社会价值的基础。社会是由人组成的，社会的一切都是个体成员在一定的条件下创造出来的。尽管社会中的每个个体的意志和目的不尽一致，甚至互相冲突，但冲突的结果汇成一种"合力"，在这种"合力"的推动下，形成社会历史发展的必然趋势。离开现实的个人和他们的活动，"社会"和"历史"都只能是一种抽象。思想政治教育通过对个体思想和行为的规范导向、精神动力的激发及个体人格的塑造，促进个体思想道德素质和科学文化素质的提高，实现个体思想和精神生活的全面发展，从而为社会的全面发展和进步造就了能动的承担者和推动者，使思想政治教育社会价值的发挥和实现获得了现实基础。

第二，社会价值是个体价值的验证。大学生思想政治教育实现价值的整个过程，实际上可以被看作将教育客体主体化、精神转为物质化的过程。理论上说，思想政治教育的本质就是要满足人们对于思想的客观需求，提高自身的思想道德素质，促进综合素质的提高，实现个人的全面发展，从而最终保证个人价值的实现。需要注意的是，如果个体还没有意识到这种思想意识，并且没有积极采取行动推动社会的发展，那么思想政治教育所具有的这种个人价值将只是一种可能性的存在。为了保证大学生思想政治教育个人价值的实现，就必须要鼓励大学生进行社会实践，在政治、经济、文化等方面做出自己的贡献，推动社会的发展，这样潜在的个人价值才能最终显现出来。

第三，社会价值和个体价值相互包含、内在统一。在社会主义条件下，人民是国家和社会的主人，人民的利益是衡量我们一切工作的根本标准，社会利益和个体利益根本上是一致的。从某种意义上说，思想政治教育的社会价值也包含个体价值在内，对整个社会有利的事，当然也对每个人有利。而个体思想道德素质的提高和全面发展，本身就是社会主义社会所要追求的目标。

2. 信息化保障及价值统一

随着互联网信息技术的迅速发展和普及，大量信息充斥到人们的生活中，有好的同时也有坏的，这就会在很大程度上影响人们价值观的形成。在这种情况下，高校就必须要对网络信息进行筛选和净化，为大学生的健康成长提供一个良好的网络环境。高校应对网络文化进行引导，看到大学生在新的时代背景下所具有的新特点，通过网络宣传明确大学生的切身需求，帮助大学生建立起正确的网络意识形态，规范自身的网络行为。网络是一把双刃剑，这是人们都知道的，因此在新媒体迅速发展的今天，面对巨大的信息量，必须要对正对看待网络上的各种信息。随着网络文化的不断普及和发展，对社会价值体系的构建和维护带来巨大的机遇和挑战。在这种情况下，大学生就必须要用理性的思维去看待各种网络文化，发挥网络的积极功效，推动有价值的信息传播，认识到微文化思想政治教育工作的重要性，向社会公众传递正确的社会价值观念。

（三）信息霸权防范及价值引领

微文化背景下的教育，更应突出国家符号的重要地位与意义，增强软霸权防御与对抗意识。面对西方发达国家凭借科技发展优势及核心技术垄断对虚拟时空的主导权和软霸权，国家应在硬件研制和软件开发上应对汹涌来袭的意识形态入侵和渗透，抵御非马克思主义对马克思主义意识形态的解构和削弱。

第一，研制硬件为抵抗西方国家在虚拟时空的软霸权提供了物质条件。对于西方发达国家来说，其电子信息技术的发展较早，在先后经历了主机阶段、微机局域网阶段及互联网或网络计算阶段之后，已经获得了较为成熟的互联网技术，无论是在硬件构建中，还是在技术支持上都取得了不错的成绩。在后期的继续发展中，西方发达国家逐渐在数据、信息和知识管理上都占据了很大的优势，在世界上处于领先的地位，并开始控制整个网络时空的走向，这对其他国家在虚拟时空的安全问题就产生了威胁。在这种情况下，我们就必须要努力创新我们的硬件设备和网络科学技术，积极抵御西方发达国家的意识行为渗透，确保我国的意识形态安全。

第二，防御和对抗西方国家在虚拟时空中进行信息霸权的根本条件是科学的信息内容。决定广大群众信服意识形态的根本原因是，意识形态自身要具有科学性、实践性和真理性，马克思主义意识形态就是这样一个真理，其是在实践中产生并被验证过的科学真理，因此我们必须要始终坚持并信服：马克思主义理论揭示了自然界、人类社会和思维发展的一般规律，阐释了无产阶级的历史使命和人类解放的方向、道路，是我国特色社会主义建设的根本指导思想。在新媒体时代，拓宽了马克思主义意识形态的传播渠道，为其提供了更为广阔的发展空间，它"定会使马克思主义这个无产阶级的学说获得更大的胜利"。对大学生的思想政治教育，必须要利用新媒体这个广阔渠道，为马克思主义意识形态进行宣传，让更多的大学生去了解、信服和坚持。

促进人的自由发展是思想政治教育的基本目标，思想政治教育在提升民众思想品德、心理素质、政治觉悟的同时，也是推进人的全面发展。在新媒体环境下，人们在掌握媒体规律基础上自由发挥与展示个性，人的才能得到无限发展空间。然而，新媒体信息符号的纷繁庞杂又使人们的接受图示不同程度地受到干扰，各种思潮的反复冲击使人的思想价值观受到影响。利用新媒体开展思想政治教育教学，教育者在注重促进大学生个性自由发展的同时，也应加强价值引导，使学生意识到并接受主流价值体系，从而使个性自由发展更加合目的性、合规律性、合时代性。

四、传统教材与现代新媒体两类媒介的对接差异

思想政治理论课教材与思想政治理论课教学新媒体是两种不同的媒介。思想政治理论课教材是以教科书的形式承载、传导思想政治教育内容，引导大学生在人生成长的黄金时代树立正确的世界观、人生观、道德观和法治观，它的主要载体形式是教科书及相应辅导教材。思想政治理论课教学新媒体则以互联网、手机、新型移动媒介等高科技形式来承载、传导思想政治教育内容。两者传承教育教学的载体形式不同，决定了两者的呈现形式、语言体系、信息选择与突出重点不同，决定了思想政治理论课教学内容由教材载体向新媒体载体转化的难度，是新媒体思想政治理论课教学应用需要解决的重点。

（一）视觉表现形式差异

高校使用的思想政治理论课新教材比较充分地体现了马克思主义中国化的最新成果，体现了中国特色社会主义实践的最新经验，体现了马克思主义研究的最新进展，贴近实际、贴近生活、贴近大学生，在内容上和体例上有较大创新，是高校思想政治理论课的优秀教材。教科书属于印刷媒介，这种印刷媒介将文字、表格等做成版，图上油墨、印在薄页上形成书籍。这种表现形式具有如下特点：以油墨文字表达信息，以黑白字体为主要表现形式；容纳信息量多、内容广；学生能自由决定阅读的时间、地点、速度和方式；威望较高，专业性较强。

新媒体作为对传统媒体载体形式的变革与超越，有着不同于印刷媒介的载体形式，它是新的技术支撑体系下出现的媒体形态，如数字杂志、数字报纸、数字广播、手机短信、移动电视、网络、桌面视窗、数字电视、数字电影、触摸媒体等。相对于报刊、户外、广播、电视四大传统意义上的媒体，新媒体被形象地称为"第五媒体"。较之思想政治理论课教材载体形式，这种载体具有如下特点：首先，信息符号多样化，除了文字和图表，还包括图片、影片、音频、游戏等，视觉冲击力更强，更能吸引学生感官；其次，信

息个性化更强，更符合学生个性特征；再次，交互性强，教科书载体通常是单向传播，编读双方无法随时随地进行双向沟通，而新媒体传播既可以是单向的，也可以双向（教师与学生之间），甚至是多向度（教师与学生之间、学生与学生之间）传播，信息的传播具有很强的交互性，课随时沟通，实现互动。

（二）语言风格及逻辑体系差异

两种载体语言体系不同。思想政治理论课教材的规范性、严谨性、指导性和权威性决定了教材语言体系的政策性、知识性、学术性特征，而新媒体载体，如手机、互联网等与传统的教科书不同，他们无论是在表现形式还是在语言风格方面都具有自己的特点，要求简练的文字、通俗活泼的语言、清晰生动的图像等，同时还要求信息更新的及时性，在潜移默化中提高大学生的思想道德水平。在制作新媒体教材的过程中，需要注意的是，新媒体教材并不仅仅是传统教材的电子版，因此不能将教材的内容简单粘贴到网站之中，也不能将国家政策简单的陈述在网页之上，这种形式无法满足学生的学习需求，内容显得枯燥乏味，无法引起学生的学习兴趣，这样新媒体思想政治教育的意义也将不复存在。正确的做法是要将教师所要讲授的内容，通过图片、声音、视频的方式体现出来，丰富思想政治教育的内容和形式，这就对大学生思想政治教育的工作者提出了更高的新媒体素质要求。教师掌握新媒体所具有的交互性、及时性和个性化等特征，同时也要了解学生对知识的学习和接受情况，及时对新媒体的教学内容进行调整，以此提高新媒体思想政治教育的实效性。需要注意的是，大学生思想政治教育的工作者对新媒体教学内容的完善和调整，必须要始终坚持马克思主义思想理论的指导，不能为了迎合学生的兴趣从而制作一些低俗的课件，要通过新媒体的语言风格和表现形式来对思想政治教育的内容进行完善，获得学生的认可和支持，切实实现新媒体大学生思想政治教育的教学目标。

第二节　微文化背景下大学生思想政治教育
的原则指导

一、主体性原则

主体性原则指的是，在微文化思想政治教育工作中，教育者和受教育者在新媒体时代所形成的新型主客体间的关系要切实体现出来。随着互联网技术的迅速发展与普及，青少年的各种意识形态得到快速发展，包括自我意识、民主意识和成长意识等，他们展现出了前所未有的崭新的精神面貌，更加善于对人际关系进行处理，注重双方的沟通与交流，善于运用新的态度和方式来处理主体间的人际关系。

网络环境下的思想政治教育主客体关系，是教育者和受教育者共同建构的交互性或复合性主体关系。也就是说，在教育者主动建构的教育情境中，教育者是主动施教的主体，受教育者是参与活动、接受信息的客体。在受教育者主动建构的自我教育情境中，一方面，受教育者是主动学习的主体，教育者则是具有辅助、服务功能的客体；另一方面，受教育者还是自我教育的主体。由此可见，在思想政治教育工作中，教育者和受教育者之间始终保持这样一种互动关系，与传统教育方式中的抽象和、静止的关系状态不同，新媒体思想政治教育更多的是体现出了一种具体的、运动的、主客体相互交替的教学过程。大学生主体意识形态的快速发展和成熟，是这种新型的主客体教育关系出现的主要原因。因此，在微文化思想政治教育工作中，必须要始终坚持教育理念和教育原则的主体性，明确大学生主体性发展的特点，鼓励大学生主体意识行动的发挥，满足大学生的需求，促进大学生的全面发展。

对于刚进入大学生的学生来说，他们对网络技术的需求是帮助提高自身的学习，提高综合素质，因此在对他们进行思想政治教育工作，重点是要为学生提供一个良好的校园网络文化氛围，帮助他们掌握网络学习的正确方法，培养良好的网络素养，加强自身对网络信息的选择，防止学生沉溺于网络世界无法自拔，防自觉抵御不良信息对学生的伤害。而对于大三、大四的学生来说，他们已经适应了校园网络文化环境，在进行网络活动的过程中已经能够对自身的行为进行控制，并且增强了参与网络公共事务的自觉性。因此，对于大三、大四学生思想政治教育，必须要注重他们的主体性，充分发挥他们的主体意识，对他们的网络事务的观念和行为进行规范，保证大学生的健康发展。在新媒体思想政治教育教学环境中，要注意使用恰当的教学方法，充分发挥互联网的教育阵地作用，疏通互联网沟通机制，密切教育者与被教育者在网络和现实中的沟通与交流，建立网络和现实社会中的反馈机制，让大学生养成良好的民主实务参与观念，不断完善思想政治教育机制。

二、疏导性原则

在微文化大学生思想政治教育工作中，需要遵守的一条重要原则是 —— 疏导性原则。在新媒体思想政治教育工作中，坚持疏导性原则体现了该教育"合目的性"和"合规律性"的统一。

在大学生思想政治教育中，一个突出的特点就是带有明显的目的性，可以反映出社会发展的本质要求，以及国家和人民的根本利益。此外，新媒体思想政治教育工作还具有明显的目标指向性和价值取向性，其要在多元的网络文化环境中始终占据主导地位，代表着正确价值观的形象，通过正确的网络手段或是渠道对社会舆论进行引导，维护人民的利益，同时还要批判网络上那些庸俗、偏激的思想和观点。与传统的教育环境相比，互联网是一个新开辟出的教育环境，因此将其作为思想政治教育的新阵地，必定还要去面对和解决很多问题和难点。例如，如何引导和把握网络文化就是思想政治教育当前面临的一个重要问题。众多网民所共同创造出了网络文化，其具有虚拟性、拼贴性、戏仿性、参与性等特征，这就使得在网络空间中形成了一套独特的话语体系。在这一网络话语体系下，怎样构建思想政治教育的话语体系，怎样让大学生尽快适应网络环境中的表达方式，怎样实现教育者和受教育者之间的有效沟通，都是微文化思想政治教育工作所要面对和解决的问题。

在高校微文化思想政治教育工作中，对疏导性原则的具体运用主要有两种方式，即先疏后导和既疏且导。

在微文化思想政治教育工作中，人们发现问题通常使用的是先疏后导的方法，该种方法有利于对由现实生活中的问题和矛盾所产生的张力进行疏导和释放。由于互联网环境具有虚拟性的特点，因此从现实的角度来说，其不具有真实的利害关系，这就为大学生抒发负面情绪提供了场所，这就是造成很多社交软件中出现了很多偏激甚至暴力语言的原因。在校园的 BBS 论坛中，经常会看到很多非理性的言论，甚至是彼此之间激烈的争吵，这种情况通常就是大学生情绪化表达的一种方式，是学生释放自身压力和紧张的表现形式。通过微文化进行大学生思想政治教育，一些隐藏在现实中的问题和矛盾就是通过网络的释放机制表现出来。大学生通过在网络中对情绪的释放，有利于教师发现学生思想和行为中存在的一些问题，及时采取措施对他们的思想和行为进行引导，避免更多矛盾的爆发，确保校园环境的和谐与友爱。

既疏且导的方法则是思想政治教育工作者在突发事件中开展思想宣传教育工作的有效方式。在校园突发事件中，往往会出现一些利益冲突、矛盾问题需要沟通和解决；在社会重大事件过程中，大学生在思想认识上也会出现一些不良倾向需要说服教育和沟通引导。网络空间是这些现实冲突和思想问题集中展现的平台，也是解决这些矛盾和问题的重要场所。在围绕这些思想焦点和热点问题的思想教育工作中，必须坚持疏导性原则，通过充分讨论、说服教育、正面引导相结合的方式来解决大学生的思想认识问题。

微文化思想政治教育工作，遵循疏导性原则的价值表现在，在一些校园事件产生之后，学生通常就会在校园 BBS 上针对事件发表自己的言论，随着评论的不断增多和扩散，最终可能就会形成具有一定规模的舆论。这就表现出了舆论初期形成的一些特征，即大量不同的意见、观点、想法、心理状况呈现出一种模糊的发展趋势。在这种情况下，作为思想政治教育的工作者，不能盲目地对这些言论进行压制，甚至采用遮蔽、掩盖的方法处理问题，这种解决方式通常不会奏效，甚至还会适得其反，于是想要压制学生的言论越是会激发矛盾，学生言论自由的权利被压制会引起学生的强烈反感，从而最终导致矛盾的爆发。面对这种情况，如果思想政治教育工作者采用疏导的方式去解决问题，那么很可能就会得到完全不同的结果。教育者从相信群众的观点出发，重视学生的主体地位，尊重学生的言论自由和热情参与，让学生可以自由表达自己的观点。在这一过程中，教育者可以对学生的言论和行为进行观察和分析，掌握大学生思想发展的最近动态，找出导致事件产生的真正矛盾，找到突破矛盾的关键的点，然后有针对性地对大学生进行思想政治教育，确保大学生思想政治观念发展的正确性。

三、前瞻性原则

微文化思想政治教育的前瞻性原则主要体现的工作的策略和方法上，在不同的社会发展阶段，网络建设与技术也会体现出不同的特点，运用微文化进行大学生思想政治教育，就必须要准确掌握这些特点，然后具有针对性地对大学生的网络意识进行引导，提高他们的网络实践水平，实现大学生的健康成长。

在网络技术发展的初期，校园网络建设快速发展，万维网等技术得到广泛应用，丰富多样的网络信息迅速吸引住大学生们的眼球，网上冲浪、信息漫游成为他们乐此不疲的网络行为；而开放的信息传播环境在推动着青年开阔视野、拓展素质的同时，也造成西方意识形态以及社会多元化思想的大量涌入，进而冲击着大学生的理想信念。前瞻性原则的实行，要求教育者在利用新媒体进行思想政治教育的工作中，必须要注重对互联网文化软环境的构建，积极推广那些形式多样、内容丰富、具有教育有意义的内容，以此来吸引大学生的关注，在潜移默化中提高大学生的思想道德素质水平。当前，很多高校都推出了提高大学生思想政治素质的专题网站，例如，清华大学建立了"红色网站"，北京大学建立了"红旗在线"等，这都体现出高校在对新媒体这种思想政治教育平台的不断探索。

四、实践性原则

大学生思想政治教育所具有的一项本质特征是，具有实践性，这在新开辟的思想政治教育平台——微文化媒介上体现得尤为突出。我国在接入互联网之后，互联网技术获得了突飞猛进的发展，大量新的互联网设备出现，无论是对人们的工作还是生活都产生了深刻影响，对推动我国社会的发展起到了巨大作用。在我国发展的不同阶段，网络的发展也遇到了多种多样不同的问题，这就使得我国在网络时代前进的过程中，必须要始终进行网络理论和实践方面工作，不断解决出现的新问题。在高校中接受教育的通常都是青年大学生，他们乐于接受新鲜事物，因此对网络的使用和接受更为普遍，网络的发展对于人们的影响在大学生群体中也表现得最为深刻。当今社会，网络环境处于一种动态的发展变化中，想要提高大学生思想政治教育工作的下效果，就必须要立足于网络发展的实践，根据网络发展的实际情况来制定相应的思想政治教育内容和方式，以此创新思想政治教育，不断解决学生成长中出现的新问题。

思想政治教育工作者必须要对网络文化的有较为深入的了解，这样才能保证在网络环境中与学生的交流保持畅通。在当前的互联网文化环境中，大学生的网络实践表现出了明显的亚文化色彩的网络语言，这对于传统大学生思想政治教育过程中，实现教育者和被教育之间的有效沟通是极为不利的。因此，在新媒体思想政治教育中，教育者必须要掌握这种新的网络话语系统，这样才能保证在网络上实现与教育者间的顺利沟通，提高双方沟通的有效性，用大学生喜欢的语言表达方式去对大学生进行思想政治教育，提高教育的实效性。

此外，思想政治教育工作者也必须要转变教育观念，创新思想政治教育方法，以平等的姿态实现与学生的交流与沟通，鼓励他们进行自主性的创造，实现教育和自我教育的同步发展。

第五章

微文化背景下大学生思想政治教育的课堂教学

高校进行大学生思想政治教育是帮助大学生提高个人道德水平的重要途径，同时也是为社会培养高素质人才的重要环节。不同的时代背景，教育教学的理念、方式方法和目标都会有所不同。在当今的微文化时代，互联网的飞速发展加快了经济全球化以及社会的开放程度，也导致社会对人才的要求产生了变化，当今社会需要的是高素质的创新型人才。为了培养符合社会要求的高素质创新性人才，高校应该努力转变思想道德教学思路和方法，帮助大学生全面发展，为社会培养高素质人才。

第一节　微文化背景下加强思想政治理论课教学的意义

不论处于什么时代，开展思想政治理论教育都是必然的社会要求。思想政治教育可以加强集体凝聚力，使全体成员有共同的信念和奋斗目标，这也是培养符合社会需要的高素质人才的必然要求。随着社会的进步和科学技术的迅猛发展，微文化时代来临，在不同的时期社会和国家会有不同的内在要求。在当今这个时代，高校应该开展符合时代要求的思想政治教育，为社会培养高素质的创新型人才。

一、思想政治教育的意义与价值

从国家的角度来说，开展思想政治教育可以加强集体凝聚力，更好地执行国家的路线和方针，从而使人民团结一心的实现社会发展、国家发展的目标。思想政治教育的现实价值可以从思想政治教育对国家、政党、政治利益集团的价值，对社会个体成员成长进步、发展、做人的价值，对社会和谐发展的价值三个方面来考察。

（一）国家、政党、政治利益集团实现自身利益的需要

1. 思想政治教育是获取利益的基础

对于国家、政党、团体、社会组织来说，利益的获取和积累是一个过程，在这个过程中需要投入各种资源，同时还需要群众的团结，以及社会上其他方面的支持。国家权力是众多利益中最大的权力，也是最难获取的，想要获得国家权力就必须对利益群体进行思想政治教育。思想政治教育是获得国家权力的基础，只有进行有效的思想政治教育才可能获得相应的利益。中国共产党能够成为我国执政党，实行坚决有效的思想政治教育就是其中一项重要原因。通过进行思想政治教育，党内成员团结一心，艰苦奋斗，最终取得了胜利，为全国人民带来了解放。

2. 维护利益需要

思想政治教育利益需要通过思想政治教育进行维护。获得利益并不是最终目标，而持有利益的状态也不是永恒的，想要紧握手中的利益就要进行合理的维护。进行思想政治教育可以保持集体的团结友爱，保持团体积极向上的精神状态，在此基础上执行接下来的方针和政策才可能获得组织内部成员的支持，才能保持组织的继续前行。为了获取利益进行思想政治教育是必然的，为了维护利益进行思想政治教育也是必然的。思想政治教育可以团结组织内部成员，制定组织内部成员的共同目标，引导组织内部成员万众一心地向着同一目标不断前进，所以可以看出思想政治教育在维护利益中的必要性。

3. 巩固发展利益需要

思想政治教育组织获取利益后要对利益进行维护，但为了组织为了发展必须要对利益进行巩固和发展，只有与时俱进的制定发展战略和方针，才能巩固和发展利益，保证利益不会削减、不会流失。例如，一个执政党如果不能根据当前的社会状态和世界局势做出相应的调整，就会是人民对该政党的信任降低，甚至会引起国家动荡。为了巩固和发展已经获取的利益，必须要根据实际情况制定路线方针，对未来要有计划有目标，只有这样才能坚定信念的向前迈进，而这个过程就需要通过进行思想政治教育实现，让组织内部和外部成员了解组织对于未来的计划和目标，帮助人们坚定信念，通过共同的努力带动政党的进步，推动社会和国家的进步。

（二）提升人的精神境界，促进个体成员健康成长的需要

我国目前处于社会主义初级阶段，这意味着我国还有很多任务，还有很长的路要走。

为了我国社会主义发展，全国人民都应该加入社会主义精神文明建设中来，通过每个个体的素质提高，提高整个社会的精神文明水平，在这个过程中，思想政治教育也起到重要作用。

1. 教育帮助人们提高自身思想文明素养

人们的思想不是一成不变的，而是随着外界环境的变化而变化的。随着社会环境的不断发展，多元化的信息充斥人们的生活空间，人们的思想会受到多元信息的影响产生变化，这种变化有健康的、积极向上的，但同时也有一些不健康的、消极的。为了保持我国健康积极的社会面貌，就应该引导人们的思想保持积极向上，这时就需要对人们进行正确的思想政治教育，引导人们的思想向正面转化，不要出现消极、不健康的思想转变。思想政治教育在引导人们建立正确的思想价值观上起到了重要作用。

2. 社会精神文明的建设随着社会成员精神境界的提升而提升

社会精神文明建设是我国社会主义现代化建设的重要组成部分，社会精神文明、物质文明、政治文明、生态文明共同发展，相互促进。社会精神文明的建设离不开社会成员的精神建设，只有全体社会成员都提高自身素质，提升自我精神境界，才能促进社会精神文明的建设。其中，开展思想政治教育是提升人们的精神境界的重要且必不可少的措施和途径。进行有效的思想政治教育可以使人们更好地领悟马克思主义，更好地理解社会主义核心价值观，只有人民坚定同一个目标，齐心合力、共同进步，才能实现我国的伟大理想。

3. 思想政治教育是社会成员提高和完善综合素质的重要途径

随着社会的发展，人们所处的社会环境一直在变化，为了进一步推进社会主义现代化的建设，我国也推出了相应的政策与路线方针，为了切实落实这些政治工作，就要求我国全体成员都要提高自身的综合素质，只有这样才可以适应不断变化的环境，接受和吸收多元化的信息。当前是一个信息多元化、价值观多元化的时代，为了保证社会成员可以正确的对外界信息进行分析和理解，应该提高他们的综合素质，让他们能够进行正确的理解、辨别、判断和吸收，这不仅是对社会个体的提升，同时是对整个社会的提升。而为了提高社会成员的综合素质，就应该对他们进行思想政治教育，适当有效的思想政治教育在提高人们的素质上有不可忽视的重要的作用。

（三）促进社会发展、和谐进步的需要

目前，我国正在全力建设小康社会，为了人民的共同富裕不断努力。为了实现我国

建设小康社会的目标，就要营造和谐稳定的社会环境，同时还要促进我国社会精神文明建设。推动社会进步的正是社会成员，这就要求社会成员要提高自己，成为高素质的人，这样才能为社会进步奉献自己的力量，才能推动社会的积极进步。在这个过程中，思想政治教育的重要性更加凸显出来，这也正反映出思想政治教育在促进社会发展、和谐进步中的重要作用。

1. 思想政治教育的引导启发作用

思想政治教育对人的引导和启发主要表现在两个方面，对人们行为的直接影响、对人们的思想发展产生影响。

人们的行动由思维支配，所以想要影响一个人的行为应该影响他的思想。一个人在面对某一情形进行判断从而采取行动时，会受到自身的思维定式影响，同时也会受到外部环境和氛围以及引导和教育的影响。进行正确的合适的思想政治教育可以帮助人们发展自身的道德修养，同时还可以对外界环境加以引导。

思想的形成是一个长期的过程，一种思想一旦形成就会产生一定稳定性，这种稳定性就会对人们的行为产生影响。虽然思想具有稳定性，但思想是不断变化的，随着人们发展的自身要求以及外界环境的变化，人们的思想都会产生相应的变化。而思想政治教育就可以帮助引导人们的思想变化，使人们可以保持积极向上的思想态度，树立正确的价值观，避免不健康的外界因素影响人们的思想发展。

2. 思想政治教育的制约保证作用

思想政治教育虽然不是强制性的法律法规，但仍对人们的行为产生约束作用和保证作用。这种约束不同于强制性约束，是一种温和的制约方式，它是通过社会成员的自我意识层面产生作用的。

一方面，思想政治教育是一种积极向上的社会主流意识传播，对人们传递这种主流思想会让人们无形中将这种思想记在心中，在今后他们进行某种行动时就会下意识思考自己的行为是否符合这种主流思想的要求，如果不符合，那么这种行为就会给自己带来不良后果。

另一方面，法律法规等强制性的制约手段虽然可以规范人们的行为，是维持社会秩序不可缺少的必要环节。但是这种强制性约束手段并不能从根本上解决人们的思想问题，人们的思想问题还是要通过相应的思想政治教育进行纠正和引导。只有社会成员拥有正确积极的思想，才能从根本上保证社会的和谐稳定。

思想政治教育的保证作用可以从两个方面来理解。一方面，思想政治教育可以保证组织的方针政策可以贯彻执行，推动组织的发展和进步；另一方面，通过思想政治教育可以保证社会成员有正确的思想导向，使绝大多数人的行为符合路线方针的要求，主动帮助组织进步和发展。

3. 思想政治教育的调整平衡作用

每个社会成员都有自身的内在偏好和需求，但因为现实原因，不可能实现每一个社会成员的内心诉求都得以满足，而这就会造成一些社会成员的内心矛盾。尤其处于社会转型时期，外部环境不断变化，社会资源重新分配，这就使人们会产生一些心理问题，会有不健康不积极的思想形成，这种思想会危害社会成员本身，同时也会为社会带来威胁。为了处理这一问题，开展有效的思想政治教育就显得尤为重要，它可以帮助人们调节心理状态，帮助人们缓解和解决心理问题。我国目前大力发展社会主义市场经济，这为我国带来了欣欣向荣的市场面貌，但同时也反映出一些新的问题。一些社会成员禁不住利益的诱惑，采用不道德的、违法的手段谋取利益，严重的破坏社会秩序，影响社会发展。同时，全球化为人们带来了全新的多元信息时代，人们在接受各种外界信息时可能不能进行正确的判断，这就导致不良思想的产生，影响社会的和谐稳定发展。为了解决这些问题，开展有效的思想政治教育是必须的，它可以引导社会成员向正确的方向发展思想，帮助社会成员调整和平衡心理状态。

4. 思想政治教育的鼓励促进作用

为了推进社会的发展，应该向社会成员传递积极向上的奋斗精神，以此为基础鼓励人们参与到社会建设中去。正确有效的思想政治教育可以帮助人们树立积极的精神，保持积极的精神状态，只有人们内在思想符合社会的共同奋斗目标才能推动社会的前进和发展。

5. 思想政治教育的是非评价作用

每个人对事物的判断都是不同的，而这种判断也是随着环境不停变化的。思想政治教育可以帮助社会成员建立大层面上的统一标准，使人们可以在保证大方向的前提下进行判断，进行社会活动。中国共产党作为我国的执政党，组织全国人民开展思想政治教育，通过教育引导人们建立正确的思想价值观，树立积极向上的精神，并按照正确的行为准则开展社会活动。为人们指明发展和前进的方向，使人们可以按照方向的指引对事物和行为做出是非判断。同时，思想政治教育还包括中华民族传统美德教育、社会主义道德教育。其中的社会主义道德教育帮助人们树立正确的是非善恶的判断方法。

二、互联网时代下思想政治教育的意义与作用

高校开展思想政治教育是为了提高大学生的思想道德水平，促进大学生的全面发展，为社会培养符合社会要求、有文化、高素质的人才。随着互联网时代的到来，网络思想政治教育得到推广和普及，网络思想政治教育的作用和意义可从以下几个方面体现。

（一）网络思想政治教育更具有时代

互联网作为新时代的代表物，相比传统的书本教条教育方式更能吸引大学生。通过网络进行思想政治教育可以更好地调动大学生的学习主动性和积极性，这样的学习才可以更有效地帮助学生接受知识，更好地认识自己，有利于促进学生的全面发展。

（二）网络思想政治教育更具有实效性

互联网时代的到来，很大程度上改变了大学生的学习和生活方式，甚至对他们的行为方式和思维模式也产生了影响。高校开展思想政治教育应该顺应时代的潮流，改革传统的教育方式，积极运用互联网对学生开展教育。顺应学生的内在需要进行教育才可以达到有效教学的目的，这样可以带来更好地教育效果，更好地达到教育目标。

（三）网络思想政治教育更具有创新性

随着时代的发展，人们身边的环境变化越来越快，也有越来越多的新鲜事物出现在人们的生活中。作为年轻一代的当代大学生，他们一般都会乐于接受新鲜事物，向往体验新鲜事物。这就要求高校在进行思想政治教育时把握社会潮流，通过新颖的方式吸引大学生的关注。也就是要求思想政治教育在方式和方法上不断创新，更好地贴近大学生的生活，使他们乐于接受教育。通过网络进行思想政治教育就是一种全新的教育方式，也符合现在的时代特点。要注意的是，这种创新是一个持续的过程，要随着外部环境和学生内部需要的要求不断地调整和变化，这样才能保证教育的有效性。

第二节　微文化背景下思想政治理论课教学的方法运用

随着时代的发展和科学的进步，现在已经进入了全新的新媒体时代。在全新的时代开展思想政治教育工作就要符合时代的特征，只有跟随时代的潮流开展具有创新性的教育

才能达到良好的教育效果。尤其面向大学生的教育，作为年轻一代，大学生更乐于接受新鲜事物，所以迎合他们的需求开展新媒体思想政治教育具有重要意义。

通过微文化平台开展思想政治教育的方法有很多种，在这里介绍以下几种常见的教学方法。

一、通过手机新媒体教学

（一）手机新媒体在思想政治教育上的运用

随着科技的进步，移动网络开始普及，4G、5G时代到来，人们使用手机的频率大大提高。据统计，我国大学生使用手机上网的人数接近100%，大学生成为使用手机新媒体的主要群体之一。随着移动互联网的普及，手机新媒体已经成为现代人们生活中的一部分，由于快节奏的生活与工作状态，使人们的生活碎片化严重，利用手机进行网络活动成为人们的首选。

移动网络普及的新环境下，手机新媒体为开展思想政治教育带来了机遇同时也带来了挑战。手机新媒体为思想政治教育提供了全新的渠道和平台，但同时需要教育者进行思维上的突破，要及时掌握人们的思想状况以及社会热点问题，在大量的信息和思想中为人们指明正确的方向，引导人们可以在多元的信息环境中做出正确的判断。如果在移动互联网时代运用手机新媒体进行思想政治教育成了思想教育者的新课题，寻找有效的教育方法需要实践和探索才能得出答案。目前，我国手机新媒体在思想政治教育上取得了不错的成绩，其主要途径有以下几种。

1. 高校借助手机新媒体与传统教育模式的结合

当代大学生是使用手机新媒体的主要群体，高校应该将手机新媒体作为进行思想政治教育的重要渠道。手机便捷性、及时性和互动性等特点可以大大改进传统教育方式的弊端，将传统教条式、填鸭式的教育方式转变为渗透式教育，是学生可以在生活中随时随地地接受教育、进行学习，相较传统的教育方式更有效。使用手机进行教育可以调动学生的主体性，让学生主动参与到教育中来。教育者还可以通过手机及时地与学生进行沟通，还可以减少一些不善言辞的学生的紧张感，更好地达到沟通交流的效果。同时，可以通过手机媒体进行主题教育，有针对性地进行专题宣传可以达到更好的教育效果，还可以通过手机优化校内文化活动、社会实践活动、道德讲座活动等的教育效果。

2. 搭建信息服务平台，满足社会发展需求多样化

学校可以通过手机发布平台向学生发送信息，推送学校内部活动信息、实时资讯、手机报等，方便大学生快捷的获取校内信息；同时可以向学生发送道德教育相关内容，使学生可以通过手机快速进行阅读和学习。通过手机进行信息传播可以拉近学校和学生的距离，打破现实世界和虚拟世界的界限，使学生更愿意进行交流。手机新媒体为人们进行倾诉提供了平台，可以更好地满足人们的内心需求。同时手机新媒体让人们更自在地进行深入的交流，有利于思想工作的开展，在这种轻松的交流环境中使人们更愿意倾诉和倾听，为开展教育提供了良好的环境。

3. 引导人们文明使用手机新媒体，强化自律意识

科技不断进步，社会环境也在不断变化，应该建立健康积极的手机新媒体环境，在这个环境中利用手机新媒体进行道德教育等活动。首先，应该对手机使用的知识进行普及，帮助人们正确地对待手机文化，建立正确的消费观，增强人们对手机传播信息的辨别能力和判断能力。其次，要加强对学生的正确意识的培养，坚决抵制不健康的信息，引导学生建立科学健康的手机使用观念。最后，应该利用手机新媒体多种多样的形式进行文化传播，通过各式手机活动吸引人们主动地参与到社会建设中，建立和谐健康的文化氛围，可以帮助人们完善道德价值观，主动地抵制不良信息营造良好的社会风气。

手机新媒体为我们开展思想政治教育提供了全新的渠道，但同时也为我们开展思想教育带来的挑战。因为手机新媒体传播的信息量极大，人们被多元信息包围，就会有一些不良的信息夹杂其中，为我们进行思想教育带来了一定困难。一些学校利用手机新媒体，进行短信、彩信、手机报、移动 app 等方式的校园文化传播以及思想政治教育，将传统教育方式与新型教育范式有机结合，建立适合当今大学生的思想教育模式。

人们可以通过手机获得各种信息，通过网络信息的传播具有全球性、开放性的特征，这促进了社会的进步，同时也加大了相关部门对于信息传播的管理难度。尤其对于当今大学生，通过移动网络使用手机上网已经成了他们生活的一部分，一些思想薄弱的学生就可能会被一些错误的、不健康的信息所误导，对他们建立正确的思想道德观产生了负面影响。手机新媒体对学生的学习、生活和思想等多方面都有深刻影响，所以如何正确利用手机媒体进行思想政治教育成了一个关键点。

高校应该按照当今大学生的内在要求进行教育模式的转变，跟上时代的潮流，灵活的运用手机新媒体开展思想政治教育。高校应该把握手机新媒体带来的机遇，积极构建以手机新媒体作为平台的文化传播阵地。同时，应该着力于提高大学生的媒介素养，是他们

可以在手机媒体的使用中有足够的判断力对信息进行甄别。总之，高校应该全面发展手机新媒体教育方式，适应时代需求。

（二）手机新媒体思想政治教育的实现路径和启示

手机新媒体的建设经验展现了一种有效改变校园思想政治教育现状的实现路径：第一，手机新媒体可以将学生进行群体细分，按照不同受众进行不同的教育，开展有针对性的德育。第二，手机新媒体具有及时性的特点，可以第一时间像学生传递信息。可以通过手机媒体将新闻、事件、活动信息等及时传递给学生。第三，手机新媒体可以利用超链接等方式帮助学生扩展阅读，因为使用手机可能会文字篇幅受限，通过信息后台对信息内容加以补充，充实文章的内容。第四，手机新媒体可以更好地建立与学生的关系，通过与学生进行沟通进行媒介内容的补充和调整，增强教育效果。以下以手机报为例进行说明。

1. 手机报在校园宣传中的作用

学校通过校园手机报的形式进行校园文化宣传以及思想道德教育。校园手机报可以通过文字、图片、视频等多种表现方式进行信息传播，帮助学生及时了解校内动态，随时随地地获取校内信息。校园手机报是一个很好的校园资讯平台，通过移动网络，学生可以使用手机终端浏览手机报的内容，是高校进行文化宣传以及思想教育的重要方式之一。

（1）创造全新手机宣传模式。

大学生是年轻群体，而这个群体的主要特征之一就是具有强烈的好奇心，追求新鲜感，所以随着移动网络的普及，使用手机上网已经成了大学生生活与学习中的一部分。在这样的背景下，学校通过校园手机报进行思想政治教育成了一个很好的选择，手机为高校进行教育提供了全新的平台。针对大学生喜好使用手机上网的现状，高校开展通过手机报进行信息传递和信息交流是一种高效的教育方式。同时这还可以推动校园文化的宣传。学生可以随时随地的阅读校园手机报，这种便捷性与实时性提高了学生的阅读主动性。

（2）充分利用"蝴蝶效应"扩大受众面。

传统的宣传方式很难做到信息覆盖所有目标群体，然而利用手机新媒体宣传的"蝴蝶效应"可以有效地将信息传送给目标人群。高校通过手机报发布最新校内信息，通过学生的转发、共享等方式进行进一步扩大宣传，可以将信息迅速地传遍整个校园。因为手机报的这种效用，他在学校进行文化宣传以及思想政治教育中起到了重要的作用。

（3）校园手机报拉近了学校与学生的距离。

校园手机报开创了学校与学生之间信息传递的新媒介。手机报的方式一般分为两种，一种是通过彩信进行推送；还有一种是通过网站开放浏览。手机彩信的方式是通过向师生推送图文并茂的信息进行消息发布以及宣传，相比传统的纯文字宣传增加了学生的阅读乐趣；网站浏览的方式是学生通过移动网络浏览学校发布的相关内容，还可以通过添加链接的方式帮助学生扩展知识，丰富信息内容。手机报操作简单、信息及时，使师生都比较接受并喜欢这种宣传模式。

2. 手机报的劣势

校园手机报虽然被很多高校用作宣传工具，但它也存在一定缺点。

第一，信息孤立，缺少背景支撑。因为手机信息有数据大小的限制，导致手机报的内容受限，新闻以及信息的传播只能就要点进行传播，不能将信息的背景交代清楚，可能造成学生对信息的了解不全面的情况。

第二，形式多样，内容缺少深度。手机报形式丰富多样，为了吸引学生的注意尽可能地丰富形式的确有助于宣传，但手机报数据大小上的限制导致手机报的内容过于单薄缺少深度。

第三，重点有误，引导方向有偏差。手机报有时会出现内容上的重点错误，过于看重娱乐性而忽视了信息内容的深度。这会导致手机报失去根本的意义，并不能起到正确引导学生的作用。

第四，方向单一，缺少互动。手机报是一种单向宣传，由校方到学生的信息单向传递，学生不可以直接进行信息反馈。这就会导致宣传缺少互动性，校方无法快速获得宣传效果反馈。

校园手机报还需要很多方面的完善，不论是内容还是形式都有进步的空间。校方应该注重手机报内容方面的完善，尽量充实阅读内容，使信息不被孤立，而是充分地提供信息的背景和环境，让学生全面的获取信息内容。在制作发行方面，手机报应该更加的系统化和专业化，使手机报可以健康稳步地发展，与其他手机新媒体齐头并进，发挥优势的进行校园宣传。手机报的推广可以推动教育模式的转变，使现行教育模式更好地适应当今大学生的学习和生活状态，以便激发更好地教育效果。随着信息技术的发展，手机已经成为人们生活中必不可少的一部分，将教育与手机媒体相结合是一种适应时代的教育新形式，它可以很好的吸引学生的注意，进行效果良好的校园宣传。手机报作为一种手机新媒体，在教育方面有着很好的前景，高校应该充分利用手机报的优势开展宣传和教育，将手机报与学生思想政治教育有机结合。

3. 校园手机报与大学生思想教育

校园手机报为大学生了解校园信息提供了更加便捷的方式，他们可以随时随地通过手机获取相关信息，及时了解校园讯息。但是现在开放式的信息环境为大学生获取咨询提供了便利的条件外，同时也存在一些隐患，一些负面的、不健康的信息夹杂在信息流中，这就可能会对大学生造成一些负面影响，不利于他们的身心健康发展。为了正确地引导学生建立正确的思想价值观，高校往往会建立论坛相关版块或开通辅导员博客等方式进行思想政治教育。但随着互联网的飞速发展，大量的信息涌入大学生的学习生活中，加大了高校开展思想政治教育的难度。尤其随着移动互联网的普及，不良信息防不胜防，高校很难从源头制止信息的传播，只能通过加大教育力度和增加教育形式来帮助学生主观地抵制不良信息带来的负面影响。

（三）大学校园手机二维码的经验研究

1. 经验概述

当下，二维码的使用越来越广泛。有网友说其就读的大学食堂开通微信群，可以通过微信提前订餐。扫描食堂的二维码，加入微信群，可以提前预约伙食，到食堂凭借微信短信领取，然后直接拿走，解除了排队的烦恼。而天津的一些大学开始在录取通知书中添加二维码，学生收到通知书可以通过扫描二维码了解学校的详细信息，而录取通知书也是使用特殊材质的仿羊皮纸，既环保又防伪；南京航空航天大学的"高科技录取通知书"，使得新生从下火车、上校车的那刻起，就能被自动识别身份，还有"校园导航"的作用。

2. 经验分析

二维码订餐节省了同学们排队的时间，节约了食堂的成本，可以减少食堂人力成本的支出。二维码订餐也很方便，有图片有文字描述，可以将食物的价格和形态生动形象地展示在同学们的面前，供同学们做选择。但微信群订餐同时也存在一些问题，同学们订餐还没有获得实名认证，所以容易出现订了餐不来领取，又因为不知道是谁，因而造成浪费；而微信群现在能提供的食物和图片也都是有限的，并不能将食堂的所有食物都展示在群上。

二维码可以印在录取通知书上，同学可以通过扫一扫了解学校的信息，包括学校的地理位置、学校的宿舍情况等。其次，二维码可以印在考生照片旁，能够包含新生姓名、考号、出生日期、生源省份、所考院系等一系列信息。学生报到时，工作人员用扫描枪一扫就能了解新生的基本信息，从而杜绝"冒名顶替"事件。新生是否办理住宿手续、缴费是否完成，学校都能通过扫描条码获知。为了防伪，录取通知书的纸张是一种特殊的仿羊皮纸，既有防伪功能，也更加环保。

但是也存在一些问题：首先二维码的普及程度还不够高、覆盖面不够广；其次，不是每个同学都能通过微信了解到信息。二维码的技术支持还存在一些难以攻克的问题。

3. 经验的实现路径与启示

手机二维码应当协助参与校园管理。作为一种技术手段，成为新兴的一种媒体形态，将二维码的物理触点放置在校园场域，借助移动终端，自助式获取信息，这样的实现路径可以很大程度上推进校园人性化科技建设和文明建设。我们可以和有关技术部门、相关学院及研究院合作，攻克有关技术难题，及时收集同学的意见，并对采纳好的观点及时改进。例如，实名认证系统可以和学校相关的后勤部门合作，一起将餐卡和QQ号、微信号、电话号码或微信群进行绑定，从而实现微信号实名制管理。我们可以鼓励和支持同学们使用新媒体工具，提高微信和二维码在同学中的普及程度，最大化发挥新媒体技术的优势。

手机二维码应当成为大学生的智能生活方式。二维码投入使用的技术本身已不是关键，关键是如何构建各方合作共赢的手机二维码产业，促成二维码进入高校，成为大学生的智能生活方式。现在除了手机，包括一些电视节目、应用软件、网站的登录，都有二维码的运用。二维码结合手机的使用，使我们的生活发生了重大的变化，变得更加方便快捷。从二维码在订餐、资讯导航、防伪防盗等在日常生活应用的功能中可以得到关于手机新媒体运用的启示：我们应该积极利用新媒体技术，将现实生活中的实物与之相联系，真正运用到我们的学习和生活中来，为我们的生活提供实际的便利，而非只是用新媒体技术聊聊天、发泄心情而已；我们应该发现生活中的细微处，注意观察生活中的点滴，引发灵感和激情，运用新媒体技术去解决生活中的难题。

从某种意义而言，每一种新媒体的产生都是弥补之前媒体的不足。手机媒介所在的数字时代，选择信息实现了个人化。这一趋势与之类似的表现个人选择的载体在用法、目的、结果等方面会呈现新的发展趋势。它的传播介质将更加适于信息传播。小巧的手机几乎人手一部，它比笨重的电脑更易携带，多元化的功能也更符合个体的需要。即使其受众群从时空上讲也是广泛和分散的，但以手机号形式出现的受众比起以 IP 地址出现的电脑网民更加固定和容易确定，从而将受众与传者的隔离抹掉。它拥有两个相对独立的话语空间：一个是点对点的私人空间；另一个是连接互联网形成的点对面的公共空间，而"一网打尽"的互联网只有一个互联网空间；手机媒介对病毒、黑客防范能力相对较强，互联网则比较脆弱，常常受到病毒和黑客的威胁。手机媒介人性化传播和思想引领的特点代表着未来新媒体的发展方向。

利用新媒体影响青年、改变青年，关键是要立足于全新传播情境下青年信息接收体系的转变。这一转变构筑在以互联网和手机为主的新媒体信息来源之上，由于思想相对更加自由解放，在深刻认识当前"00后"青年大学生手机新媒体传播特性的同时，更要注重分析其使用手机、获取信息的思维方式和特殊的心理结构，从而全面把握新媒体传播的复杂性，创新工作方法以影响青年。在当前高校青年学生的日常生活中，手机的非语音应用主要集中在短信沟通和互联网浏览上。短信作为大学生日常沟通的主要形式，承载了常规联络、娱乐交流、祝福问候、新闻阅读等功能。这种简单且低成本的沟通方式，体现了这一群体中人际沟通方面的行为特点和心理特征。大学生在手机媒介中更期待能够通过短信交换得到回应，以获取微妙的心理利益的交换。手机新媒体在大学生中逐步形成了特有的短信文化。大学生借手机信息交互满足了某种自我实现和期待的心理需求，也伴随着满足、成功、刺激、回报等心理行为特征。行为主义心理学认为，这种建立在"刺激—反应"机制下的短信交互过程，可能会造成手机依赖和短信依赖的心理惯性，也应当引起我们的注意。

总之，未来手机媒介将衍生、拓展出更多的应用，手机嵌入人类生活的深度将更深、更广，高校思想政治教育工作者必须研究新媒体以影响他们的重要途径和手段。

二、通过微博、微信进行教育

（一）微博在思想政治教育上的运用

微博的出现掀起了新一轮的网络新媒体热潮，它很快成为人们进行社交的重要网络工具。随着高校学生、老师、领导开始使用微博，围绕大学校园形成的微博圈就此形成，之后又出现了学校官方微博的注册使用，完整的高校微博圈逐步成型。对于微博在教育上的作用，可以通过学生与学校两个视角进行分析。

1. 大学生对微博的运用

大学生使用微博主要是进行社交以及娱乐，他们是微博的最早的用户群体，也是较为庞大和主流的群体。这可以从大学生使用微博进行的网络活动看出。首先，大学生在注册微博首先会关注感兴趣的博主，每天浏览自己有兴趣的微博，并进行评论转发。这就看出大学生使用微博的娱乐动机，通过使用微博在日常生活中放松自我。其次，大学生通过微博获取最新咨询。微博是一个及时性的大型信息平台，学生可以通过微博获得世界范围内的最新咨询，通过这个平台大学生可以了解到社会事件的发生和发展，充分地满足了他们的好奇心和求知欲。最后，大学生喜欢通过微博表达自身情感，通过这个平台进行情感分享。大学生群体对于社交和情感的需要比较明显，微博可以满足他们这方面的需要。通过微博可以结识到兴趣相同的朋友，这为他们进行情感交流提供了基础。同时，大学生通过微博进行情感分享，可以与很多人进行交流互动，这些人不一定要相互熟识，甚至不需要认识，通过微博上的交流大学生可以扩展自己的交友圈，扩大社交范围，满足他们情感交流和社交的要求。

2. 学校对微博的运用

各个高校为了跟上时代潮流也相继开通了官方微博，进行校园文化宣传和发布校内咨询，将校园文化与微博技术有机结合，利用微博推动校园文化建设。高校官方微博是与外界沟通的平台，它的主要功能就是向外界展示学校的形象和文化，很适合作为高校形象的窗口进行宣传。同时，高校官方微博可以成为与学生沟通交流的平台，学校通过微博可以更好地了解学生的动态，及时纠正学生的错误行为和思想，促进学生健康成长与发展。微博是一个开放、平等的平台，学生、老师、校方可以平等地进行沟通交流，这种有效交流可以促进学校开展学生教育，提高教育效果。此外，高校开通官方微博的主要目的是为学生提供更好更全面的服务。学校可以通过微博了解学生生活、学习以及就业中遇到的问题，并以此提供帮助。学校还可通过微博建立校友微博圈，通过校友间的资源分享和利用帮助学生解决实际问题。从微博传播信息的模式来看，高校可以通过传递信息的方式将思想政治教育融入其中，渗透式地对学生进行思想教育。

可以看出，高校官方微博同时具有组织线上活动和展示线下活动的功能。同时，微博还可以进行危机公关处理，维护学校形象。高校应该好好利用官方微博这一新型传播载体，利用它便捷性、公开性、即时性等特征，开展思想教育，促进校园文化的发展。

据相关统计资料显示，高校中使用微博人群占比例最高的是社团、学生会的微博，这一人群拥有开拓精神和创新精神，他们通过微博进行思想引领可以调动大家的积极性；之后是高校共青团系统，他们一直以来致力于帮助青年树立先进性思维；其次是校内表现突出的学生以及高校老师，在校内有一定知名度的学生可以成为学生领袖，通过微博可以在一定程度上对学生起到引领作用，高校老师有丰厚的文化底蕴和吸引人的人格魅力，他们可以通过微博在学习以及生活方面对学生进行指导和帮助。虽然通过学校一些部门和个人的微博行为可以起到引领学生思想的作用，但还是要借助学校各部门机关的协同合作才能达到良好的效果。高校官方微博，以及各部门、院系微博相继开通后，就可以建立起系统的高校微博网络，全面地进行以微博为平台的思想政治教育工作。

（二）微博思想政治教育的实现路径与启示

1. 注意工作制度、机制的建立健全

高校应该建立起系统化的校园微博网络，注意这种体制的工作机制，以保证校园微博体系的整体联动性，可以在全校范围内实现信息高速传播和及时响应。将校园微博体系建立成真正有效的沟通平台，而不只是一个空架子，安排专门的工作人员进行微博信息的处理和反馈。同时，要加强校园微博的信息监控以及网络舆情监控。

2. 注意微博管理的组织人员建设

高校应该建立起专门的微博管理小组，注重组内成员的培训和管理，为校园微博顺畅运行提供保障。邀请微博运营商、技术专家等担任业务指导员，为微博体系建设提供技术保障。为微博管理服务中心提供固定舒适的办公场所，配备所需的各类设备，为微博体系建设提供后勤保障。

3. 注意信源的权威性、信息的服务性和教育性

高校应该注意微博内容的真实性和权威性，要对信息来源进行考证，要经过审核后才可以进行发布，一定保证微博内容的积极健康，为学生提供丰富多彩、有益于学习生活的各类信息内容，将校园微博建设成文明健康的信息平台。应该发布例如生活服务、校园资讯、主题活动、宣传教育、思想引领等与同学们息息相关的内容，为学生提供全面的校园服务。同时，还要注重微博内容的教育性，要着重于加强微博内容的思想教育深度。

4. 注意微博线上、线下共同发展

高校应该同时进行线上和线下的教育活动，以微博作为线上活动平台，以及线下活动的线上展示平台，寓教于乐，通过丰富多彩的活动内容吸引学生主动参与到校园建设和思想道德学习中。高校应该重视与学生的沟通和交流，加大活动的可参与性，激发学生的热情。通过线上线下同时推进的方法扩大教育活动的覆盖面和影响力，提高教育效果。

（三）微信在思想政治教育上的运用

1. 微信成为信息发布、交流的重要渠道

微信凭借其通信成本低、沟通便捷鲜活、时效性强和功能拓展等特点，已经成为大众进行信息交流的重要平台。微信不仅可以帮助人们进行及时沟通，同时还有支付、社交、"朋友圈"等功能。高校可以利用微信编辑丰富多彩的信息内容传递给学生，通过这个信息发布和传递的高速通道使学生可以便捷地获取所需信息，同时还可以进行互动。随

着微信功能的愈加完善，微信已经成为高校与学生间的重要信息纽带，高校通过微信向学生传递具有明确指向性和内涵的思想政治教育内容。

2. 微信成为满足高校学生情感、个性发展和社交的工具

大学生在这个年龄阶段情感满足和个性发展是他们的内在要求，是不可忽略的。微信作为现在大学生进行社交的重要应用工具，应该引起高校的注意，将思想政治教育与微信平台有机结合是高校的一项教育任务。高校可以通过开通官方公众号的方式向学生进行内容推送，用图文并茂的信息内容吸引学生阅读，渗透式地将思想政治教育融入学生的生活中。微信在内容上没有固定模式，这可以满足学生的好奇心、调动学生的积极性，从内部对学生产生影响。

（四）微信思想政治教育的实现路径与启示

1. 信息推送满足学生需求

高校通过开通微信公众号进行信息推送，这是一种点对点的信息推送方式，可以保证信息的确实到达。学生可以通过菜单选项或者输入关键字的方式进行成绩查询、课表查询、活动信息查询等，极大程度上方便了学生的校园生活。这种点对点的信息推送方式方便了学校进行教育信息传播，通过公众号高校可以定期发布主题阅读内容，实时发布校内重要资讯，保证了信息到达率，也为学生进行自主学习提供了乐趣。

2. 社交工具影响师生关系

学生可以通过微信进行课程查询、成绩查询，随时随地地了解学习目标和学习进度，这就加强了学生与老师之间的联系，改善了学生与老师在课堂外没有联系的局面。同时，学生可以微信查询校内资讯，浏览校内活动照片，可以随时随地地了解校内信息。同时，微信作为即时交流工具，基础功能就是沟通交流，老师可以通过微信直接与学生进行交流，尤其对于一些内向的学生，通过微信交流比当面交流减少了他们的紧张感，为老师进行思想教育提供了便利。随着微信各项功能的完善，它在高校开展思想政治教育中的作用越来越突出。

3. 情感倾诉缓解心理压力

微信的"漂流瓶"和"摇一摇"的功能为学生提供了情感宣泄的途径，学生通过漂流瓶可以和陌生人交流，不需要透露自己的真实身份，这种条件使他们处于身心放松的状态，在这种状态下学生往往可以更好地进行感情倾诉，以此释放内心的压力。同时，"漂流瓶"和"摇一摇"的功能可以帮助学生拓宽交友圈，帮助他们克服面对未知事物的恐惧

感，提高他们的社交能力。

高校应该善于利用微信工具的各项优点进行思想政治教育，可以通过学校和各部门的官方微信公众号进行信息推送开展主题思想教育，还可以通过老师与学生的点对点沟通进行针对性的思想政治教育。微信的信息到达率高，可以保证信息推送的有效性。同时，学校可以通过微信平台实现与学生的实时交流，学生接收到推送信息后可以进行评论回复提出自己的问题和看法，微信负责人员针对这些问题可以第一时间给予解答。

三、通过电子公告牌教学

（一）电子公告板在思想政治教育上的运用

BBS 一上线就受到了大学生的热捧，因为 BBS 为他们提供了一个全新的平台，这里有海量资源提供给他们，他们可以在这里抒发自己的看法和情感，还可以通过网络与陌生人建立良好的人际关系。作为一个线上平台，BBS 为高校开展思想道德教育带来了全新的渠道和空间，但同时因为网络平台的性质也为高校进行教育带来了挑战。高校应该发挥 BBS 的传播优势、回避要害的开展思想道德教育课，提高思想政治教育的时效性。

1. 通过 BBS 可以加强思想政治教育工作的针对性

BBS 具有匿名性、开放性的显著特点，因为这些特点大学生会主动在校园 BBS 上发表自己的看法和观点，学生通过回帖评论的方式进行交流。也正因为这样，校园 BBS 能够真实地反映大学生的生活状态和思想状态，教育者可以通过 BBS 了解学生的想法。但也因为这种匿名性和开放性，有一些过激的、消极的言论也会出现在论坛上，这些言论可以为教育者提供学生不良思想动态的线索，以便高校可以开展具有针对性的思想政治教育，引导学生的思想不要偏离正轨，预防一些不良事件的发生。

2. 通过 BBS 可以帮助大学生排解心理问题

不论再自由的外界环境都会对学生的言行有一定的约束，很多学生不愿在现实生活中吐露心声。因为 BBS 的特性，学生在 BBS 上可以获得比现实生活中更自由的空间，他们可以畅所欲言不用担心自己的身份暴露。正因为这样，很多学生愿意在 BBS 上发帖表露心声、宣泄自己的不良情绪，同时还会通过在 BBS 上与他人交流抒发个人情感，缓解自身的压力。BBS 为大学生提供了一个抒发情绪、缓解压力的全新的渠道。

3. 通过 BBS 可以及时解决学生困难和完善学校决策

BBS 具有广泛性和及时性的特点，学生的信息一旦在 BBS 上发布，高校可以运用合理得当的方法帮助困难同学解决问题，提高了高校进行这方面工作的效率。通过 BBS，还可以让学生更直接的了解学校各部门的工作，可以促进各部门的工作更加顺利地展开。同时，学生可以通过 BBS 对学校的工作提出意见和建议，校方参考学生提出的意见和建议改进自己的工作，更好地促进学校管理模式的完善，形成和谐良好的校园环境。

（二）电子公告牌思想政治教育的实现路径与启示

1. 加强团队建设，建立完善的 BBS 管理体系

思想政治教育传播思想和理念，通过网络进行思想政治教育要更加注重教育管理工作。例如，水木清华 BBS 就有专门的论坛管理委员会，对论坛的发帖进行审核和分类，并将一些有不健康信息的帖子做删除处理，同时论坛管理员还会定期清理论坛上的广告，也会通过帖子置顶等方式引导舆论走向。所有高校 BBS 都应该成立专门的管理组对论坛信息进行监督和管理，有序有效的管理才可以为开展思想政治教育工作营造良好的氛围。同时，论坛管理部门应该配合学校对信息进行 24 小时监控，将舆论情况和热点话题及时向校方报告。

2. 利用 BBS 网络宣传的快捷性，及时发布和告知校园动态

高校可以利用 BBS 传播信息的快捷性发布一些校园信息。例如，水木清华 BBS 的"水木特快"板块就是专门发布校园公告和信息的板块，学生可以在这个板块查看校方工作公告、讲座和精彩信息、校园生活公告等信息，这样的方式更为快捷，可以第一时间通过网络让学生获取信息。在 BBS 上建立相应的资讯板块，及时向学生和老师传递校内公告和信息，同时学生还可以实时对这些信息进行反馈，帮助校方可以通过这种方式与学生建立起良好的关系，同时还可以吸引学生和教师积极参与到校园活动中，有利于发展校园文化。

3. 收集整理网上信息，释疑解惑，建立良性循环的通道

校园 BBS 建立信息收集板块，将招生就业、人才培养、师资队伍等信息在相应板块进行发布，为校内师生提供所需信息。同时，还可以通过 BBS 向学生收集自身关注的问题、对校园建设的建议等信息，成为学校管理层与学生之间的交流纽带，为他们的沟通提供渠道。学校管理部门收集师生提出的意见和建议，对自身的工作进行改正和完善，可以及时化解矛盾、消除误会，建立和谐的校园环境。

4. 线上线下双向互动

BBS 具有线上收集线下解决的特性，高校通过在线上面向全校师生收集意见和建议，再通过线下进行切实的改进。同时，学生可以通过 BBS 站内的好友系统进行在线交流，也

可以对离线用户进行留言，这些功能十分人性化，为学生通过 BBS 交流提供了便利。同时，高校可以通过 BBS 进行线上线下双向教育，引导学生的思想积极健康的发展，提高学生的道德素养。

5. 精心设计，构建高校论坛 BBS 品牌

高校 BBS 应该具有品牌意识，建立属于自己的品牌，通过品牌效应更好地开展学生的思想道德教育工作。水木清华作为国内顶尖的校园 BBS，吸引了大量高校人才会聚其中进行思想交流，凭借它的开放且兼容的氛围建立起了"水木清华 BBS"这个品牌，引导更多高校学生加入论坛，对高校学生具有深远影响。所以，高校应该通过适当的管理和创新树立属于自己的品牌，这样可以更好地开展思想政治教育，更全面更广泛地影响高校学生。

四、通过网络日志教学

（一）博客在思想政治教育上的运用

科学技术的迅猛发展，信息技术的发展首当其冲，在这样的环境中，思想道德教育所处的环境和条件也在发生着巨大变化，全新的微文化发展也对思想政治教育产生了影响，这种影响涉及了教育的方向和方法。尤其微文化在高等教育中的影响十分明显。随着博客出现在人们的生活中，中外很多高校开始利用博客辅助教育，并且也取得了不错的成效。

1. 师生之间交流互动和提供服务的平台

高校通过博客可以及时向学生发布校内信息和通知，建立起一个虚拟的校园社区。学生可以在博客上获取信息，同时可以在线留言进行咨询，教育者可以直接通过博客解答和解决学生提出的问题，建立良好的反馈系统。通这种方式培养学生的集体荣誉感，使他们更加热爱学校。同时，教育者可以利用博客记录学生的表现和发展情况，当发现问题时可以通过发纸条的方式与学生进行沟通以解决问题，这种方式不会被第三方知道，很好地保护了学生的隐私，同时也及时地解决了学生的问题。以班级为单位开展思想政治教育，可以定期发布班级动态和活动情况，公布考勤情况和宿舍检查结果，让学生能够及时掌握班级动态和情况，及时发现自己在学习和生活上的问题，并及时改正，这样有利于培养他们的自主性，同时可以加深班级同学间的感情，提高班级凝聚力。在进行学校评优活动时，要在博客上公开评选要求和方法，以及评选的流程和申请条件，并要建立起有效的监

督管理制度，保证评选的透明与公正。同时，思想政治教育工作者应该关注各种就业政策和招聘信息，将有用的信息及时发布到博客平台，为学生提供优质的招聘信息，帮助学生进行就业活动。

2. 师生之间课后辅导和提供资源的平台

辅导员还可以通过博客分享学习资源和学习经验，帮助学生提高自学能力，激发他们自主学习、主动学习的热情。辅导员应该充分利用网络资源，将适合学生的学习资源、具体案例、扩展阅读等资料分享到博客上，为学生的学习提供更多的资料，实现经济实惠的网络办公政策。通过网络分享学习资源可以使学生更全面地了解教学的全过程，更好地掌握知识点，而且十分方便快捷。同时，学生还可以通过博客与老师进行交流和互动，直接讨论遇到的问题，开拓思维，激发学生的想象力和创造力，这种教学方法比起传统的教学方式更适合当今的大学生，可以激发他们的学习积极性，提高教育效果。

3. 思想政治教育工作者交流与提升的平台

大学生的思想政治教育涉及多个方面，需要学校、辅导员、家长、学生以及其他社会成员的多方配合才能顺利开展。博客是一个互动交流平台，博主与其他人的交流可以不同步，这就消除了交流必须同步进行的时间障碍，方便辅导员、家长和学生进行不同步的交流。可以看出，博客是微文化时代下进行高校思想政治教育的新平台，并且在多方沟通的方面有着很大优势。同时，作为博主的高校思想政治教育辅导员可以添加好友，发布自己的生活感悟和工作总结，这样就建立起了资源分享平台，也为辅导员的进步提供了资源。

同时，学生通过浏览辅导员的博客了解辅导员的思想，这也是思想政治教育的一部分。这不仅可以加深师生关系，还可以帮助学生更好地进行自主学习，也有利于辅导员改进自己的教育方式方法。

4. 高校校园文化对外宣传的新窗口

博客作为网络媒介，通过文字、图片、影像等传播信息，这个过程不仅仅可以传播信息，还可以传播精神和理念，所以博客可以成为高校进行思想政治教育的平台。辅导员可以将校内活动的照片上传到博客，让学生进行浏览和交流，增进了学生间的情谊，增强了学生的集体凝聚力，也加深了学生对学校的热爱，同时还可以激发学生主动参与校园活动的热情。

辅导员可以通过博客将校内活动的照片和视频等向学生展示，让学生更好地了解学校，为学校展示自我提供了新渠道。这种方式可以更好地吸引学生，学生可以在辅导员的博客上浏览与自己生活和学习相关的话题，并且可以和有共同话题的学生、老师进行交流沟通。有很多高校都建立了自己的校园博客，这样可以更简单直接地进行学校宣传，同时可以更好地与学生交流。

校园博客不仅可以进行面向学生的校内宣传，同时也可以开展对外的学校宣传；可以在校园博客上发表各类学校资讯，使校外人士也可以通过博客进一步了解学校。相对于传统的宣传方式，校园博客更生活化，也更具真实性。校园博客作为高校宣传窗口，通过文字、图片、影像等多种形式记录和宣传校园文化，更新颖灵活，更能引人注意。

（二）博客思想政治教育的实现路径与启示

通过博客进行思想引领的实现路径主要有以下三种。第一种，将辅导员博客变为在线网络课堂，通过发表文章对学生进行思想政治教育。引导学生树立正确的价值观，激发他们的主动性与能动性，帮助他们实现自身的全面发展。第二种，使辅导员博客成为网络交流平台。通过博客的评论、留言和发纸条等方式，实现师生的平等交流，创造和谐的交流氛围。第三种，使辅导员博客成为网络文化宣传平台。通过博客向学生进行校园宣传，让学生更好地了解和融入校园文化，营造健康向上的文化氛围。

想让学生把辅导员博客当作精神家园，就要在博客内容上做到吸引学生。也就是要求辅导员要更新内容丰富且富有感召力的内容，同时还要保证这些内容具有明确的导向性。博客上不仅要更新日常管理和制度条例，还应该更新一些科普知识、党政团建、心理读物等学习资源，为学生提供丰富多彩的阅读内容，在日常生活中进行思想政治教育。同时，为了使学生乐于浏览辅导员博客，应该尽量优化页面效果，美化排版，可以附上音乐和图片，使学生有更好地阅读体验，在这种氛围中可以提高教育效果。辅导员应该将自己的日常心得体会融入博文撰写中，有导向性地指导学生，这样可以增强博客生命力，提高博客使用率。

通过经验总结，可以得到一些启示，以便完善以后的辅导员博客工作。辅导员博客是开展思想政治教育的平台，旨在培养有文化高素质、符合我国社会要求的新一代接班人。所以，辅导员博客应该具有鲜明的思想指向性，辅导员在对博客进行管理时应该注意以下几点。首先，要提高与学生的交流频率，通过博客可以与学生进行平等的交流互动，提高师生交流频率有助于更好地开展教育。其次，保证辅导员博客可以吸引学生，靠优质的内容和辅导员的人各魅力吸引学生，对学生进行指导。最后，辅导员通过博客与学生交流，可以有针对性地帮助学生解决问题，使博客成为师生交流的新渠道。

培养学生良好的阅读博客的习惯也是辅导员工作重要的一环。辅导员博客的形式虽然已经成为比较常见的高校道德教育形式，但并没有在学生中得到很高的关注，所以这种形式的作用并没有完全发挥出来。虽然大部分学生都开始使用和阅读博客，但还有一部分学生没有参与其中，甚至不知道辅导员有博客。因此，辅导员应该培养学生阅读博客，通过博客进行交流的习惯。高校可以对辅导员博客进行宣传，辅导员自己也可以直接向学生推荐自己的博客。

辅导员博客的目的在于对学生进行思想政治教育，为了了解教育的效果就要对学生浏览、评论的情况进行统计和分析。还可以结合学生评论回复的状况进行思想政治教育，这样可以培养学生良好的阅读博客的习惯，可以发挥出辅导员博客的功能。例如，可以开展通过博客进行的班会、研讨会等，以个人内核小组的形式在博客上进行回复；还可以进行博客线上教育，在线上进行师生在线交流。通过各种方式培养学生阅读博客的习惯，提高辅导员博客的活力。

辅导员应该对博客内容的编辑、板块的设计、题材的选取上进行研究和分析，将国内外的热点事件、学生关心的时事问题、最新国内外动态等，及时在博客上进行更新发布，要注重博客进行思想政治教育的时效性，吸引学生主动浏览博客获取知识和信息。同时，为了给学生提供便捷的上网环境，学校应该加强网络建设，让学生可以及时地通过网络浏览辅导员博客。

辅导员博客不仅是一个教育平台，同时还是交流平台，辅导员可以通过博客开展思想政治教育课程，同时也可以在这个网络平台上进行平等的师生交流。辅导员进行博客教育是一个持续的工作，需要老师、学生、学校共同配合和支持。老师还可以鼓励学生开通个人博客，分享自己的生活点滴和思想状态，促进校园网络文化的发展。

第三节　微文化背景下思想政治理论课教学考评体系构建

高校思想政治理论课教育教学考试评估的现代化是思想政治理论课教育教学评价改革的关键，这关系到高校思想政治理论课的发展。为了建立符合微文化时代下的思想政治理论课教学考评系统，就应该着力于思想政治理论课的现代化改革，实现思想政治理论课考试评估途径的现代化。高校思想政治理论课教育教学考试评估的现代化主要包括两个方面，即高校思想政治理论课教育教学考试的现代化和高校思想政治理论课教育教学评估的现代化。

一、高校思想政治理论课教育教学考试的现代化

高校思想政治理论课教育教学考试的现代化，是思想政治理论课教育教学评价改革的重要环节。思想政治理论课考试的现代化是实现思想政治理论课教育教学现代化的基础。

为了实现思想政治理论科考试的现代化，需要师生以及学校各个部门的积极配合，应该从涉及的各个方面进行改革，以实现考试现代化的早日实现。

（一）考试形式的多样化

目前我国大多数高校进行思想政治理论课考试的形式比较单一，不能全面地考核学生的知识掌握程度，不利于学生树立正确的思想道德观。大多数高校一般采用笔试的方法，口试和答辩的方式甚少应用；一般采用闭卷考试的方式，开卷考试的方式少；考试内容一般注重理论知识，却忽略了学生的实践能力；一般都是统一考试，很少开展有针对性的考试；考试成绩一般都是一次考试结果做定论，很少采用多次多种方式综合考评的方式。这种过于书本化的刻板考试模式，导致学生只关注某项能力的强化，不利于学生的全面发展。

为了实现高校思想政治理论课考试的现代化，高校必须改变这种形式单一的考试形式。将多种考核形式有机结合的运用到考试系统中，理论知识与实践能力都要重视，不以单次考试结果评定学生的成绩，要经过多种方法、多次测试综合地对学生掌握知识的程度进行评定。只有这样才能带动学生的主动性与积极性，使他们更乐于投入到思想政治理论的学习中，使学生从自身内在提高思想道德水平，而不是死记硬背理论知识。

（二）命题质量的现代化

考试是对学生学习成果的抽样检测，抽样的代表性、典型性，直接影响测试的有效性和可信程度。目前，高校思想政治理论课考试一般采用传统的考试和命题方法，进行命题的老师往往根据自身的经验进行试题筛选。这样的出题方式并不科学，根据不同老师的经验和偏好试题往往不具备代表性和典型性，这就导致考试结果缺乏有效性和可信度，并不能真实地反映出学生的知识掌握程度，这样的考核方式也会引起学生的不满。为了改善这一情形，高校对于思想政治理论课的考试命题应该更重科学性，提高命题质量，推进考试现代化的实现。例如，高校可从以下几个方面进行改革：

第一，建立现代化命题队伍。组织具有良好理论素养的专业化的思想政治理论课命

题队伍，是实现高质量政治课考试的首要条件。队伍内成员应该掌握考试命题的测量和统计方法，了解学生的思想道德状态，遵循思想政治理论课考试的基本规律和原则，同时对教学大纲、教学计划和教学目标有全面深入的了解，最基本的是要对思想政治理论的专业知识可以全面深入的掌握。

第二，命题应该着重基础性和代表性，通过考试考查学生对于本学科基础以及核心理论、知识和技能的掌握程度，检测教学目标是否得到了实现。不可一味追求命题的高深，保证学生只要认真学习就可以通过。

第三，考试命题的风格可以引导学生在掌握最具包容性、迁移性、概括性、增值性的核心知识的同时把课程的各章节连接成有机的整体，使相关知识在学生脑海中搭建成网，帮助他们结合实际的应用知识解决问题。

（三）评分标准的现代化

现在大多数高效的思想政治理论课评分标准过于刻板，缺少灵活性，考试重视知识广度忽视知识深度。这在一定程度上压抑了学生的个性化发展，违背了学生内在需要的发展规律，不利于学生的全面发展。

现行的思想政治理论课考试模式考查的重点是学生对书本知识的掌握程度，只要死记硬背课本知识就可以得到好成绩，但是学生的创造力却被忽视。在考试中题目都是客观的，答案都是固定的，学生的个人创见即使合理也无法成为正确答案，这很大程度上压抑了学生的独立思考能力。在现在的考试系统中，评分系统过于死板，无法满足全面提高学生思想道德水平的需要。

目前很多高校的教育目标是培养积累知识的人才而不是创造发明的人才，所以才会有这样的考试评分系统。这样的考试系统对学生的创造性要求很低，考试中不需要学生通过创造进行答题，考试内容都是现成的知识。同时，该考试系统对学生的模仿性要求很高，它需要学生牢记标准答案，完全的模仿现成的思想和思维模式。

只重视课本理论知识的考试标准显然不符合现代化教育目标的要求，当今社会需要的是高素质的创新型人才，这就需要高校对现行的考试系统进行改革。现代化的思想政治理论课考试评分系统应该更注重学生的操作能力、实践能力，考查学生是否可以灵活地运用理论知识解决实际问题。高校应该争取制定现代化考试标准，一个可以反映学生的真是学习成果，有利于提高学生的思想道德水平的评分系统。

（四）题型设置的现代化

由于传统的考试方式较为固定的命题方式，现行的思想政治理论课考试题型有很多有待改进的地方。现行的考试题型客观题占的比重大，主观题相对较少，试题答案一般都是统一的固定的，几乎不考查学生的创新能力和独立思考能力。这样会导致学生机械性地应付考试，对提升学生能力无法起到根本作用。

高校应该改变思想政治理论课考试的命题模式和构成，加大主观题的比重，避免全部试题答案固定化，应该适当地加入开放式试题，让学生通过独立思考和探究，根据自身的想法进行答题，提高学生的创新能力。在试题设计上可以就一个事件的多方面进行提问，并将相关的知识点连接起来，使学生可以全面的思考问题给出答案。

（五）记分形式的多样化

考试的记分形式有很多种，西方国家的学校一般采用等级制，我国学校一般采用百分制。百分制的记分标准对学生和老师都有一定的束缚，这会导致学生为了取得良好的考试成绩死记硬背课本知识，忽略提升自己的实际能力；会导致老师判卷只会计较得分，忽视对试卷的分析、评鉴和反馈。这种记分形式会使学生一味地死记硬背课本知识来应付考试，却不能实际提高自己的能力和水平，这就不利于高校培养符合时代要求的高素质创新型人才。我国也在逐步实验性的推进记分等级制，但想要用等级制代替传统的百分制还需要较长的时间。中西方国家的学校考试多采用等级制，而中国学校的考试则习惯于用百分制。

改革百分制记分方式是高校思想政治理论课教育教学实现现代化的必然要求。在思想政治理论课改革中，思想政治课的考查内容是关键，应该改变只考核学生对现成知识的掌握程度的模式，将重点转向对学生实际能力的考查，也就是学生利用思想政治理论知识处理现实问题的能力。所以，采用百分制对学生的实际能力进行考查是不合理的，很难用这种评分方式区分进行能力评判。高校思想政治理论课应该将多种记分方式纳入考虑范围，吸取各种形式的优势，对现在的记分标准进行改革。同时，高校应该继续推广课堂小论文计入评分的做法。

目前大多数高校的思想政治理论课记分形式采用百分制，但也逐渐开始改革。一些学校逐步用等级制替换百分制的记分形式，一些学校采用等级制与百分制相结合的记分形式。但目前还不能断言哪种方式更适合思想政治理论课，这需要一段时间的探索和分析才能得出结论。

（六）试卷评阅的现代化

目前大多数高校在思想政治理论课的考试中采用人工阅卷的方式，这种阅卷方式效率低、成本高，还加大了相关管理机构的测评统计负担，也不利于调动学生兴趣，不利于实现思想政治课考试现代化。随着科学技术的发展，高校应该善于利用现代化的阅卷工具和技术，提高阅卷效率。对客观性试题，应该使用"光电阅读器"等先进阅卷技术；对于主观性试题，应该使用高分辨度的智能机作业。同时，在评卷时不能只进行分数评定，还要对学生的答题提出针对性的建议，鼓励学生进一步开展学习，激发他们的学习动力。

（七）试题题库建设的现代化

建设思想政治理论课试题库建设是为了对老师和学生造成一种外部压力，纠正政治课教师在考前画范围、圈重点、试题隐性泄露、试卷质量难以保证等问题，从而达到端正教风、学风的目的。但一些高校虽然建立了思想政治理论课试题库，却没有及时更新题库，导致现在的考试命题范围不符合现代化要求，题库过于陈旧，试题毫无现代特征，这样的试题无法显示时代特点，不具备先进性。过于陈旧的题库会引起师生的不满，无法调动学生的学习积极性，不符合时代要求的试题无法帮助学生提高符合时代要求的整体素质。

因此，高校必须定期及时的更新思想政治理论课题库，实现试题库的现代化。相关负责部门和负责人应该及时检查题库内容，及时增添新的试题内容凸显时代感，还要将陈旧的不符合现在时代要求的试题删除，建立具有时代特征、可以反映学生实际分析和解决问题能力的试题库。只有保证试题库的现代化，才能为教师创造良好的教学氛围，使他们可以坚持政治原则、学术自由、生动活泼、施展个性的进行教育；才能为高校学生提供健康积极，有利于发展创造性思维的发展空间；才能更好地为国家和社会培养符合新时代要求的创新型人才。

（八）考试管理队伍的现代化

建设现代化的考试管理队伍也是推进高校思想政治理论课考试现代化的重要组成部分。一般情况下，高校思想政治理论课考试管理队伍的职能是制定思想政治理论课考试规程和实施方案，主持思想政治理论课考试的实施，保证考试严格按照既定的原则和科学程序进行，控制各种无关因素的干扰，保证考试的真实性与公平性。

第一，高校思想政治理论课考试管理人员应该具备良好的个人素质和个人修养，可以根据考试要求和学生需要建立合适的良好的考试环境，并可以正确的处理考试中可能出现的各种情况，保证考试按照程序顺利进行。

第二，高校思想政治理论课考试管理人员应该可以熟练运用考试相关的现代化管理工具和手段，例如，熟练操作计算机、开发和操作考试软件、使用现代化考试管理设备等。

第三，良好的思想政治课教风、学风的形成，需要高校各级领导、管理人员、思想政治理论课教师的共同努力。高校不能单纯地为了考试进行考试，应该运用各种方式方法激发老师的教学热情，带动学生的学习积极性，让老师和学生主动投入到思想政治理论课的教学中，使考试服务于课程。思想政治理论课对于大学生提高自身的思想政治水平有决定性作用，而这很大程度上依仗于课程老师。高校应该给予老师充分的信任，让他们可以充分发挥自己的教育个性和教学水平，帮助他们培养高素质的创新型人才。

二、高校思想政治理论课教育教学评估的现代化

高校思想政治理论课教育教学评估现代化涉及高校思想政治理论课教育教学的各个方面，还涉及思想政治理论课评估理论、评估体制等诸多因素。因为传统的教育评估理论和体系对我国教育长时间且较为深刻的影响，并还有现行制度体制的限制，我国高校思想政治教育理论课想要建立符合我国特色具有现代化特征的教育教学评估系统需要一段较长时间的努力。但因为时代的要求，我国必须逐步推进思想政治理论课教育教学评估的现代化。为了适应新媒体时代的要求，我国高校推进思想政治理论课教育教学评估现代化应该从以下几个方面进行。

（一）教学评估理念的现代化

高校思想政治理论课的评估理念直接决定着高校思想政治理论课评估的方向和内容。为了适应思想政治理论课现代化的要求，高校思想政治理论课评估就必须建立符合学科要求、具有学科特色的评估理念。

想要实现高校思想政治理论课评估理念现代化，就应该将"以人为本"作为基本准则，将老师和学生成为教育的主体，尊重老师和学生的要求和个性，发展符合人的全面发展的内在要求的现代化教学。现代化的思想政治理论课评估理念应该注重对整个教学过程的评估，应该将评估的重点放在学生的实践能力、分析能力、解决问题的能力和创新能力上。想要实现高校思想政治理论课教育教学评估现代化，就必须以毛泽东思想、邓小平理论、"三个代表"重要思想、科学发展观、习近平新时代中国特色社会主义思想为指导，实现思想政治理论课教育教学评估理念的现代化。

（二）教学评估定位的现代化

高校思想政治理论课教育教学评估的定位决定了评估的功能，老师的教育教学活动根据不同的评估定位会受到不同程度的影响和制约。由此可见，高校思想政治理论课教育教学评估的定位在教育教学中的重要性。

现行的高校思想政治理论课的教学评估一般将教学效果当作评估重点，把这种教学评估作为一项程序化的教学流程的一部分，只是对教学效果的阶段性总结。这种程序化的教学评估并起不到深层次的作用，不会激发课程老师的教学热情，甚至会使课程老师产生反感。高校思想政治理论课教育教学现代化是动态概念，教育教学要随着社会的发展而不断地改进和完善，时刻更新，保持其先进性和时代性。为了符合现在的教学目标和社会要求，高校应该将教学评估定位进行调整，将重点放在课程老师的创新型教育方法上，鼓励老师进行教育改革和创新，以便培养出高素质的创新型人才。想要实现思想政治理论课教学评估现代化就应该改变对它的传统看法，不能将教学评估单纯地当作教育效果的总结和评定，更重要的是将其作为一种激励老师完善教学方法、培养创新型人才的手段。所以，高校思想政治理论课教学评估应该定位于激励，而不是定位于教学成果评定。为此，高校应该进行以下几项工作。

1. 加强激励评估理念的宣传教育

高校思想政治理论课老师、管理者、督导者都应该意识到思想政治理论课教学教育进行改革和创新的必要性，要清楚只有这样才能培养出符合社会要求的高素质创新型人才。教学评估的根本目的是鼓励课程老师改革创新教学方式方法，激励老师发挥个人特点的进行创新型教育，以此帮助和鼓励学生发展创新精神、提高创新能力。只有进行教学评估定位改革，才能更好地帮助老师培养符合社会要求的高素质的创新型人才。

2. 建立思想政治理论课教育教学评估的激励机制

高校应该将开拓创新作为衡量思想政治理论课教学质量和教师、教研室业务能力的主要指标，并将其与薪资奖励体系联系起来，年度考核、职称评定、酬金分配、优秀教师评选、先进集体评选等都要参考这一指标。对于勇于创新、积极开拓新的教学思路和教育方法，并取得较好成效的老师、科研室进行奖励和表扬，以此鼓励全校老师开展教育教学的创新和改革，用这种方式可以有效地激发教师的教育热情，帮助他们更好地培养创新型人才。

3. 不以成败论英雄，消除后顾之忧

高校思想政治理论课教育教学的改革一定会打破一些传统的机制、体制，这种改革可能会引起一定的震荡，但不能因为怕失败就不去尝试。制约影响思想政治理论课教育教学现代化的因素有很多，改革会引起这些因素的变化，这就有可能会影响到改革的效果；还有一些因素是隐性的，短时间内看不出这种改革带来的明显变化；同时，有一些动态因素，难以有效地把控。这就导致高校思想政治理论课教育教学的改革结果的不确定性，成功或是失败、效果明显或是不明显都是有可能的，而这些原因可能对高校思想政治理论课现代化改革创新活动的推进产生影响。

有些思想政治课老师对教育创新没有热情的一部分原因就是知道这种改革可能会失败，害怕自己进行创新教育结果教育效果却不好，落得费力不讨好的下场，与其这样不如踏实稳妥的保持现在的教育模式，至少是无功无过。在高校思想政治理论课教育教学评估的过程中，不可以就短期的教育成果下定论，只要没有违反国家的方针、政策，在国家规定的政治教学大纲内开展探索、研究，都应该得到鼓励和肯定，而对于有突出成绩的，应该进行表彰和奖励。进行教育教学的开拓创新需要投入更多的精力和心血，这种付出就应该得到肯定，只有鼓励和肯定老师进行教育教学创新，才能推动教育教学的现代化。

总之，高校思想政治理论课教育教学现代化的评估，一定要消除思想政治理论课教师和学生的后顾之忧，激励他们进行教育教学的探索和研究，开展改革创新的教学活动。

（三）教学评估过程的规范化

高校思想政治理论课评估要适应教学评估现代化的要求，积极探索符合课程特征的具体评估实施方法，建立起科学规范的评估过程。高校应该实行多种评价共同作用的评估系统，突出自下而上的全面评价与自我评价和同行评价、学生评价相结合的原则，要从课程涉及的各个方面进行评价。

目前，大多数高校都将这个原则作为基准进行思想政治理论课教学评估，这就保证了现代化评估的广泛性。高校思想政治理论课教学现代化评估过程要在各个方面按照统一规范和要求进行，只有做到评估过程规范化，才能满足教育教学现代化对质量的要求，要运用多种多样的方式进行全面的综合的评估，以保证评估的现代化。还应该注意对评估信息的处理应该客观化，加大先进科学技术的使用，保证信息处理的客观性、准确性和高效性。

（四）教学评估手段的现代化

随着科学技术的进步与发展，互联网时代来临，互联网拥有众多优势特点，使其成了构成现代人们生活的重要组成部分。高校进行教学评估可以借助互联网的力量，使教学评估更科学化、现代化。传统的教学评估的参与人群有限，这就导致了教学评估结果比较片面、不能全面真实地反映教学成果。通过互联网，高校可以使数量庞大的学生和教师参与到思想政治理论课教学评估中，使评估结果更具广泛性和真实性，可以更为准确地对教师的教育教学进行评估。为了实现高校思想政治理论课教育教学手段的现代化，就应该合理利用互联网技术进行教学评估。

现代化的思想政治理论课教学评估通过专门的统计软件进行数据统计，并公开教学评估指标体系，将参与测评的学生集中起来进行匿名测评，这样就能在较短时间内获得大量的测评数据，同时这些数据还具有较大的真实性。高校可以通过网络进行全校范围的教学评估，这种方式可以真实高效地将教学评估数据反馈给相关负责人和部门，有利于相关部门及时地发现问题、解决问题。通过这种高效的现代化评估手段，可以帮助高校发现推进思想政治理论课教育教学现代化过程中遇到的问题，有利于他们积极地解决问题，并在此基础上进行新的探索和研究，把握思想政治理论课教育教学现代化的发展趋势和方向。

（五）教学评估管理的现代化

高校思想政治理论课评估管理要实现现代化，客观上要求思想政治理论课教育教学的评估时机、评估次数合理化和评估结果反馈机制的科学化。

1. 评估时机、评估次数合理化

第一，高校思想政治理论课教育教学评估时机选择必须准确。如果评估时机不合理，会扰乱思想政治理论课的教学进度，就可能影响教学的质量和效果，这样不利于推进思想政治理论课教育教学现代化。

第二，高校思想政治理论课教育教学评估次数必须合理。如果进行教学评估的次数过多，高校就要投入大量的人力、物力、财力，造成了资源浪费，同时还会造成师生的疲惫，降低他们参与教育教学评估的积极性，也会降低他们对思想政治理论课教学现代化规律的探索，降低他们进行教育教学开拓创新的兴趣，最终影响思想政治理论课教学现代化的整体进程。相反，如果高校思想政治理论课教育教学评估次数过少，就会降低教学评估的客观性和真实性，这样不利于高校发现思想政治教学现代化进程中出现的问题，会对推进教育教学现代化产生影响。一般情况下，在学期期初、期末、课程结束后进行三次教学

评估比较合理，既不过多也不过少。

在学期初进行教学评估可以帮助老师及时发现教学中遇到的问题，在今后的课程中加以改进，以此提高教学质量和效果。所以，在学期期初进行一次教学评估是有必要的，它可以帮助老师更好地掌握教学方法和进度。在学期期末进行教学评估可以帮助高校和老师以学期为单位的了解教学情况，以便在下个学期的教学中更新改进教学方式，以达到更好的教学成效。课程结束后的教学评估更具客观性，因为学生不用担心自己的成绩受到评估的影响，可以更加客观真实地进行教学评价。通过课程结束后的教学评估可以了解一些影响思想政治理论课评估的因素，这有利于优化和完善教学评估系统。

2. 评估结果反馈机制的科学化

思想政治理论课教育教学评估结果反馈的客观真实是实现高校思想政治理论课教育教学现代化的重要前提和基础。只有保证教学评估反馈的客观和真实，才能保证分析评估结果得出的结论的正确性。只有解决通过真实的评估结果发现的问题才能真正地推动思想政治理论教育教学现代化，因为只有发现影响教育教学现代化的因素和弊端，才能有针对性地进行改革。由此可以看出，科学稳定、规范化的教学评估反馈机制十分重要，它是保证思想政治理论课教学评估结果客观真实的关键。

一般情况下，学校会定期公开思想政治理论课教学评估结果，使课程老师第一时间了解评估结果。通过这种方式，课程老师可以清楚地知道自己的评估结果和排名。评估结果好的老师可以起到模范带头作用，引领其他老师前进；激励评估结果不理想的老师发现问题、改正问题，探索更好的教育教学手段和方法，争取下次评估得到理想的结果。

第六章

微文化背景下大学生思想政治教育的实践路径

随着经济全球化的不断发展，世界经济、政治形势都出现了很多新变化，面对这种情况，大学生思想政治教育必须要及时进行改革，应对环境的变化，提高思想政治教育的时效性。从整个社会来看，还没有形成对思想政治教育的合力。当前我国的很多高校中，也没有引起对思想政治教育的足够重视，在教育方式上通常也是延续以往的教育模式。

使用的思想政治教育教材滞后，教学内容没有与大学生的思想状况特点相联系，与大学生的实际状况相脱离，没有将思想政治教育始终贯穿于高校教育之中。因此，想要提高大学生的思想政治素质水平，就必须要改变这种状况，积极拓展微文化背景下的大学生思想政治教育实践路径，加强对大学生思想政治教育课程体系的建设。

第一节　建设校园文化

校园是开展思想政治教育的主要场所，而校园文化则是在教师和学生学习生活过程中自发形成的一个体系。将思想政治教育寓于校园文化建设之中，既是利用校园文化这一种渠道教育大学生，也是把这一先进文化同社会主义先进文化更加贴近的举措。

一、校园文化的内涵及特点

校园文化，实际上就是除了课堂以外的所有与教师和学生相关的教育活动。校园文化是一个内容复杂、形式多变的综合体：思维活动、文化环境、道德关系以及人际关系都有可能成为校园文化的一部分，从而直接或间接地对教师以及学生产生影响。

校园文化是高校的一个重要组成部分，具有鲜明的校园特色，是在高校长期教学和实践的过程中逐渐形成的。一个高校的校园文化是这个学校的标签，同时也是区别高校学生思想观念区别性的重要标志。

随着我国改革开放和全球化步伐的日益加快，随之而来的文化多元化、意识形态多元化、生活方式多元化等，呈现由"一"到"多"的特点，且当下信息高速传播，渠道日趋丰富，外来文化冲击着原有的文化模式和思维方式，使当下的校园文化呈现出新的特点。

（一）在文化内容上，丰富性与复杂性并存

经济全球化的进一步发展，极大丰富了人们的文化生活和物质生活，随着文化的传播和渗透，一些新的观念和方法也逐渐融入人们的生活中。国外文化的传入，会与本地的文化产生冲突，进而在不断碰撞中相互融合和吸收，并最终融为一体成为一种新的文化。国外文化的传入会对我们原有的文化观念提出挑战，首先受到冲击的就是价值观念还没有成熟的青少年群体。在这种情况下，高校就必须要做好对大学生的思想政治教育工作，对他们的思想观念进行正确引导，在吸收国外先进文化和观念的同时，也要避免那些腐朽、落后的观念对学生的思想造成侵蚀。大学生长期生活在"象牙塔"中，社会阅历不多，分辨能力较差，在国外思潮纷纷涌入国内的情况下，他们很难对文化的好坏进行甄别，通过对他们进行思想政治教育，提高他们甄别文化的能力，实现大学生的健康成长和发展。

（二）在文化理念上，开放性与传统型交融

校园文化作为校园里的一种精神文化，对学生的教育引导功能是十分明显的，因而它必须是在长期的实践检验中不断完善和延续而形成的。校园文化元素本身就包含了相对稳定和传统的成分，在历史的积淀中，逐渐被广大师生所接受，具有一定的社会影响力。当今社会，新的文化思潮带来了与许多传统不太相同的理念，若一味地因循守旧，延续陈旧的做法，必然会和学生当下的生活理念发生冲突，容易引起质疑。校园文化必然要兼收并蓄，广泛吸收新文化理念，进行加工改造，以更具时代色彩的新形式出现，从而为己所用。因此，校园文化本身又必然具有一定的开放性，应主动融入学生的学习生活中去，实现双向互动。

（三）在文化选择上，多元性与甄别性共生

随着文化多元化的不断发展，各种国外信息不断融入国内，高校大学生接触到的文化潮流也愈加增多。大学生思维活跃，善于思考，在长期接受文化熏陶的情况下，很容易

对不同类型的文化产生共鸣，进而影响到大学生的思想观念和行为活动。为帮助大学生树立起正确的价值观念，就必须要对其进行思想政治教育，让他们对不同的文化进行选择，根据自身和社会发展的需求对信息的价值进行判断，进而对文化信息进行正确的取舍，以此提高自身的思想道德素质。国外文化的涌入，使得一部分大学生群体中产生了拜金主义和享乐主义等腐朽的思想，这是对国外文化盲目追求、片面理解、不加选择的后果，对大学生的健康成长是极为不利的。在这种情况下，高校就必须要建立起一种良好的文化氛围，帮助学生对外来的文化进行分析和鉴别，吸收和借鉴那些先进的、积极的思想，摒弃那些落后的腐朽思想，帮助大学生树立起正确的世界观、人生观和价值观。

（四）评价标准：创新性与变化性相依

校园文化建设的目的是要实现育人的效果。不同的时代背景和社会需求，对人才的要求也是不同的。学校培育的人才要能适应社会发展、实现自我的完善，因此育人的理念不是一成不变的，要能与时俱进，适当地进行调整。当今社会，全球联系广泛加强，高新技术快速更新，经济发展日新月异，文化交融错综复杂，这对学校育人提出了更高的要求，要求高校培育出满足社会多元需求的复合型人才。这要求学生要有国际化视野，与经济全球化、教育国际化和文化多元化等时代特点相适应，全面提升综合素质。因此，校园文化的评价标准也会随之发生变化。

二、校园文化对大学生思想政治教育的重要作用

（一）校园文化建设是社会主义精神文明建设的重要组成部分

社会主义文化是由多种文化共同组成的文化集合，校园文化就是其中的一个重要组成部分，在社会主义精神文明建设中发挥着重要作用。在高校校园文化建设中，要始终坚持以马克思列宁主义为指导，用科学的理论来引导学生思想观念的转变，这样才能发挥校园文化在思想政治教育中的最大作用。在建设中国特色社会主义事业的过程中，必须始终坚持以社会主义信念对大学生的发展进行引导，将社会主义信念牢牢植根于大学生的思想之中。

（二）校园文化是大学生思想政治教育工作的重要途径

通过校园文化可以培育出优秀的人才，这是由于校园文化中蕴含了优良的教风、学

风和校风，要求人与人之间要实现和谐的相处，在潜移默化的教育中提高大学生的思想道德水平。最后，校园文化还具有强大的创造力。这是因为，大学生对新知识、新事物的接受速度很快，再加上他们思维的活跃，使得他们能够对这些新知识熟练地运用，并且能够举一反三，不断进行创新。一些知识分子具有强烈的社会责任感，他们善于追求真理，期望实现公平正义，这是创造力的主要来源。

在民族维系，团队融合的过程中，文化在其中发挥了重要的作用，很多大学生为了追求集体价值的实现，从而使得自我人格能够不断完善。

（三）校园文化建设有利于提升青年大学生的素质

大学生主体的全面自由发展是高校校园文化建设实践中的价值目标。在校园文化建设之中，大学生承担着主客体合一的身份。校园文化为大学生借鉴他人经验进行自我教育提供了一个良好的场所，因此从这个意义上说，校园文化是基于大学生的自主选择性的大学生的自我教育。因此在校园文化建设的过程中，各级领导部门坚持弘扬主旋律，要对大学生进行世界观、方法论的教育，提高他们分辨是非的能力，自觉抵制不健康文化的影响，为青年大学生的全面发展提供更为广阔的空间。

三、依托微文化资源建设和谐校园文化的途径

随着互联网技术的不断发展，微文化成了校园文化传播的新载体，微文化思想政治教育的价值导向和精神内涵被融入了校园文化之中。在社会主义精神文明建设中，将微文化作为建设校园文化的新载体是时代发展的要求，同时也是高校师生的共同要求。在新媒体时代，对网络校园文化组合方式的优化，对微文化资源的整合，是建设和谐校园文化的有效途径。

（一）加强健康网络建设，进一步夯实校园微文化媒体传播的基础

从当前高校教学对微文化媒体的使用状况来看，不同的教师的掌握情况也存在很大区别。例如，青年教师对微文化传播平台掌握较为熟练，对微文化的使用也较为频繁；而年纪较大的教师则不同，他们在掌握微文化使用技术方面存在困难，因此也就很难使用微文化来进行教学。在这种情况下，高校就必须要采取一定的措施，帮助年长的教师尽快掌握微文化技术，共同建立一个系统的微文化媒体教学环境。另一方面，高校必须要对新媒体传播的内容进行监督，鼓励具有教育意义信息的传播，对那些不良信息则要采取措施进

行屏蔽或是删除，防止其对大学生的思想造成侵害，扰乱正常的校园秩序。

因此，我们要加大对校园舆论信息的监管力度，引领舆论导向，防范不良信息的大范围传播。首先是对校园内学生关注的信息进行核实，并在掌握相关情况后第一时间发布准确信息。在校园中最为常见的就是群体性事件的发生，或是突发重大事件的发生，高校必须要利用微文化及时对这些事件的相关信息对学生进行通报，让学生了解到这些事件的前因后果，防止学生因自己猜想而导致矛盾扩大，在实施的基础上对信息进行发布对于引导校园舆论的走向具有重要作用。在这些事件发生之后，一些思想偏激的学生可能会发表一些非理性的观点，但是在高校管理者在对事实进行叙述和澄清之后，这些负面消息将会逐渐被埋没，人们的评论将会趋于理性，校园文化环境也将逐渐恢复和谐。从这里我们就可以看出，通过微文化传播真实信息，有利于学生认清事件的真相，帮助学生理性地思考问题。

（二）正确定位校园文化特色，加强高校微文化的引导和服务功能

在微文化迅速普及的时代，大学生思想政治教育必须要与时俱进，对校园精神文化的内涵不断进行丰富，将时代的特征融入到校园精神文化建设之中。要掌握大学生思想发展的最新动态，对大学生的思想状况进行全面的调查，这是建设校园文化的前提条件。大学生的身心健康会受到校园精神文化的重要影响，和谐的校园精神文化氛围，有利于大学生正确价值观的养成。对于高校来说，可以根据学生思想的实际状况，以校园精神文化为核心进行全面的研究，对大学生的思想状况进行广泛的调查与整理，明确大学生的思想状况，然后采取具有针对性的思想政治教育，提高教育的成效。在微文化背景下，对于高校校园精神文化活动的开展，大学生提出了更高的要求。在这种情况下，高校思想政治教育工作者就必须要努力提高自身的微文化素养，增强创新意识，不断对思想政治教育的内容和形式进行创新，全面满足学生的要求。大学生喜欢接触新鲜事物，好奇心强，高校所举办的思想政治教育活动要充分利用这一点，举办一些大学生喜闻乐见的活动，吸引大学生的注意力，提高大学生的知识激烈，增强他们的实践能力，推动大学生的全面发展。

（三）整合各种微文化资源，进一步优化微文化的管理和应用方式

1. 加强校园微文化平台建设

将微文化作为高校教育的平台，具体操作过程需要从两个方面入手，一方面是硬件；另一方面是软件。从硬件方面来说，微文化思想政治教育要体现时代的特点，就必须要与

时俱进，及时对教育的内容进行更新，使用最新的微文化产品，以适应当前互联网迅速发展的情况。当前的高校中基本上都已经建设有自己的校园网，覆盖整个校园，但是网络的速度较为缓慢，在于外网的连接中存在很多问题，因此对于校园网络的建设，首先就要从改善校园网络服务功能开始。在提高了网络的运行速度之后，接下来就要构建校园网站。对于网站的建设，内容要尽量全面和丰富，不同的院系都要有属于自己的网站，表现出各自的院系特色，吸引学生的眼球。同时，还应针对教师和学生需求的不同，建立不同的服务网站，包括选课与考试指南、勤工助学、心理咨询、就业等网站等。此外，针对大学生对智能手机的普遍使用，网络信息公司推出了"校园卡"服务，专门为学生提供手机业务相关服务。因此，高校要看到手机在信息宣传方面的强大功能，与互联网信息公司进行合作，建立校园短信平台、手机校园报刊和手机广播电视等，通过手机这种微文化形式加强与学生之间的沟通与交流，了解大学生的思想发展动态。

2. 加强新媒体的内容建设

微文化教育内容分所选择的话题要能凸显校园的特色，集思想性、新闻性、知识性、人文性于一体，满足学生的不同需求。此外，所选择的内容要具有较强的欣赏性，能够吸引学生的眼球，引起学生的阅读兴趣，在愉快的阅读中达到思想政治教育的目的。当前社会中的一些潮流文化对大学生产生了很大影响，高校可以自此基础上展开一些相应的活动，满足大学生对于娱乐、时尚和休闲的要求，提高校园凝聚力，实现校园文化的健康发展。

3. 加强微文化效果的分析和测评

高校在通过微文化对大学生进行思想政治教育之后，还必须要定期对教育效果进行分析和测评，以此对微文化教育不断进行完善。为了实现这一目的，高校应建立相应的微文化检测系统，全面、及时地对微文化的教学效果进行评估，甚至于可以对大学生进行跟踪研究，对所有大学生所使用的微文化教学效果进行研究和分析，找到微文化教学中的成功点，以及不足之处。在为来的发展中，对成功经验进行总结，同时找到恰当方式对其中的不足之处进行弥补，提高微文化教学的实效性。此外，还可以根据学生对微文化教学的评价进行总结和分析，确定学生的需求，在未来的微文化教学中不断进行完善，在最大限度内发挥微文化思想政治教育的积极作用。

第二节　做好社会实践

一、社会实践在大学生思想政治教育中的地位

（一）在社会实践中受教育是提高大学生思想政治素质的必然要求

我国尚处于社会主义初级阶段，社会主义市场经济体制的建立和完善，带动了人们观念的更新和思想的解放。青年大学生意气风发，思维活跃，对社会的巨大变化和思想的激烈碰撞感受更加深刻，更加敏锐。各种价值观的并存与冲突，需要大学生在社会实践过程中摸索和寻找社会主义核心价值体系与新时代精神的契合点。社会实践活动强调从理论与实际、从历史与现实等多个角度、多个层次使学生受到教育，强调教育符合社会现实，可以帮助学生剔除思想中不符合实际的因素和错误的观念，引导学生确立新理想、新目标、新追求，树立正确的世界观、人生观和价值观，使大学生在理想与现实的联系中作出既符合社会需要又有助于个性发展的选择。

（二）在社会实践中长才干是提高大学生综合素质的必然要求

社会实践是促进大学生素质拓展的重要途径。只有素质提高了，才能更好地学习知识、吸取知识、驾驭知识、运用知识、创新知识。而大学生在校内学到的书本知识只有经过社会实践的锤炼，才能内化为全面而丰富的个人素质。通过参加社会实践，大学生不仅可以全面提高语言表达能力、社会交往能力、搜集处理信息能力、组织协调能力等基本素质，而且还可以提高自己的人文素质、职业素质和创新素质。

（三）在社会实践中做贡献是引导大学生以实际行动回报社会的必然要求

作为大学生，不仅要明确自己的家庭角色、校园角色，更要明确自己的社会角色，积极承担社会责任。社会实践正是学生回报社会、服务社会、引领社会，为社会的发展与进步做贡献的重要途径。

回报社会是当代大学生应有的道德情操和精神境界。大学生不仅要能独善其身，更要兼济天下。现在常有人抱怨社会风气，抱怨之时，可曾想到自己的社会责任？一个人对待社会的态度大体可分为五种：一是"游世"；二是"玩世"；三是"愤世"；四是"经世"；五是"避世"。前四种或者是游戏人间，或者是玩世不恭，或者是愤世嫉俗，或者是经世

致用，都是"入世"的态度，第五种则是"出世"的态度。"天下兴亡，匹夫有责"。只有第四种态度才是积极的处世态度，其他的则是消极的处世态度。"经世"是当代大学生的必然选项，这要求当代大学生不仅要勇于承担社会责任，更要懂得感恩社会。社会是大众之母，她以政治事业给人们带来公正、秩序与安宁，以经济事业满足人们多种多样的物质需求，以文化事业给予人们高品位的精神享受，以卫生保健事业给人以健康，以教育事业给人以道德、知识、智慧与才干等，使每个人的生活都离不开社会这个大家庭的滋养。虽然我们所处的社会绝不是尽善尽美的，真善美的大背景下总有一些假恶丑的潜流在涌动，但社会的主流毕竟是积极的，它所给予绝大多数人的毕竟是"利好"，值得当代大学生用实际行动去感恩、去回报。

服务社会是当代大学生回报社会的具体行动。近年来，随着社会工作在我国落实社会政策、解决社会问题、缓解社会矛盾、维护社会稳定、伸张社会正义、实践社会民主、促进社会发展等方面的积极作用日益凸显，"政府购买社会服务"在国内悄然兴起，这在我国还属新鲜事物，但在西方已有四十余年的历史。这一现象说明当今我国社会的发展对社会义工有着旺盛的需求。为了适应这一需求，许多高校纷纷成立了青年志愿者协会或义工联合会，从在校大学生中发展志愿者队伍和义工队伍，支持和鼓励大学生参加社会工作和志愿服务活动，受到社会的普遍欢迎。另一方面，当代大学生参加社会服务活动的热情也日益高涨，他们以义务宣传员、义务交通协管员、义务家庭教师、义务咨询员、义务维修员等多种多样的身份，活跃在街道社区、社会福利中心、社会救助站等地，用自己的爱心和汗水服务社会、回报社会。

引领社会是当代大学生服务社会的最高体现。高校是个特殊的"小社会"，是整个社会的人才高地、知识高地、文化高地，社会和时代赋予了高校传承人类文明、净化社会风气、引导社会前进的责任和使命。高校不仅要服务社会，还要引领社会。这要求当代大学生在社会实践活动中，不仅要用所学的科学文化知识服务于社会，更要充分展现大学的精神与文化以及当代大学生的精神风貌，用先进的科技、高品位的文化、乐观进取的态度、投身公益事业的热情与活力等去引领社会迈向文明，走向和谐。

二、社会实践活动的主要类型

目前，高校社会实践活动已经形成了比较成熟的发展模式，在活动形式、机制建设、基地建设等方面都得到了新发展。

大学生社会实践活动除了生产劳动、军政训练、社会考察、科技文化服务、挂职锻炼、勤工助学等形式以外，志愿服务、参观学习、科技发明等活动更是得到大学生的关注，成为高校大学生社会实践活动的重要内容。

目前，大多数高校把社会实践分为两大类：一类是与教学工作联系紧密的实践活动，如专业实习（择业就业、创新创业）、军事训练、生产劳动等，此类活动一般安排在第一课堂，由教务部门组织落实。另一类是与学生工作联系紧密的实践活动，如社会调查（参观考察）、勤工俭学、志愿服务（义工、"三下乡"主题实践活动、"四进社区"主题实践活动）、科技服务、挂职锻炼等，此类活动一般安排在第二课堂，由学生处、团委组织落实。如果把社会实践作为一门大课来看待，那么这门课程至少由以下几门主干课程构成。

（一）专业实习

马克思主义哲学认为，认识与实践是对立统一的，是不可分割、相辅相成的辩证关系，一方面认识指导实践；另一方面实践又是认识的最终源泉和检验标准。专业学习不仅是一个认识过程，也是一个实践过程。大学生在专业学习过程中，不仅需要系统的理论知识学习，更需要"真刀真枪"的实践锻炼。专业实习是大学生的必修课，是贯彻"教育与生产劳动相结合"这一教育方针的重要的社会实践形式或类型，同时也是高校实践教学体系的重要组成部分。一般来说，高校的实践教学主要由两部分组成，一是校内实践教学，即实验（实训）课；二是课外实践教学，即实习（顶岗实习）课。可见，专业实习也就是大学生的校外实践课，它一般安排在与学生所学专业对口的单位及相关岗位（或岗位群）来进行，从某种意义来说，是对学生专业素质的全面检验、考核和培养，对于提高大学生的知识（技术）应用能力、实践动手能力、科技创新能力、岗位适应能力、职业素质等有着重要的作用。

由于专业实习大体安排在学生临毕业前来进行，因此学生参加专业实习的过程也是择业就业的过程，也是撰写毕业（学位）论文、完成毕业设计的过程。许多高校在开辟实习基地的同时，也在努力将实习基地打造成学生的就业基地以及开展创新创业教育的基地，也就是所谓"三基地"建设。"三基地"的建设，为促进大学生社会实践与专业实习相结合、与择业就业相结合、与创新创业相结合提供了重要的物质条件，是提高专业实习质量的重要保障。

就业实习是当前高校大学生社会实践中时间最长且最有效的模式。无论是从个人方面还是从国家和社会方面，都能加强大学生社会主义核心价值观的理解、思考和践行。因此，充分利用就业实习形式开展大学生社会主义核心价值观的培育必须引起重视。

（二）生产劳动

生产劳动也是大学生的一门必修课，它是指以"学工"和"学农"为主要内容的社会实践活动。应该说，"教育与生产劳动相结合"的教育方针最初就是在"学农"与"学工"的意义上提出的，这对于我国这样一个以工农联盟为基础的人民民主专政政权有着特殊的政治意义。与专业实习不同的是，生产劳动主要是指需要付出体力和汗水的一般性体力型的简单劳动。事实证明，学生适当参加一些体力型生产劳动，不仅可以帮助学生端正劳动态度，养成良好的劳动习惯，还可以培养学生的独立生活能力，养成艰苦奋斗、勤俭节约、爱护劳动成果的良好品德，树立"劳动者光荣"的思想意识。特别是通过生产劳动这一社会实践活动，学生与工人、农民同吃同住同劳动，可以深切体会占我国人口绝大多数的工人和农民的生活状况，从而自觉培养与工农大众的深厚感情，树立为千千万万工农大众谋福利的理想和信念。

（三）社会调查

作为大学生社会实践活动的一种形式，社会调查是大学生了解和认识社会的重要途径，其具体内容主要体现在"三走进"与"三了解"，即走进工厂企业、走进街道社区、走进乡镇农村，了解国情、了解社情、了解民情。同时，社会调查还是一项理论性和实践性都比较强的活动，不仅要求学生掌握比较系统的社会调查理论与方法，还要求学生具有不怕吃苦、严谨求实的钻研精神。

此外，社会调查活动也往往与参观考察、"红色之旅""文化之旅"等生动活泼的活动结合起来进行，因此深受学生的欢迎。通过组织大学生到革命纪念地、革命老区、改革开放前沿和经济社会发展成效显著的地方学习参观，充分发挥博物馆、纪念馆、展览馆、烈士陵园等基地的育人功能，使大学生了解党和国家在带领全体中国人民赢得民族独立和实现民族振兴的奋斗历史，使大学生在潜移默化中接受爱国主义教育，激发大学生的爱党爱国之情，这对增强大学生的社会责任感，帮助他们自觉地担负起中华民族伟大复兴的历史使命具有重要的作用。

学生在社会调查中，通过开展座谈、访谈、设计派发调查问卷、实地考察参观、体验生活等活动，不仅开阔了自己的视野和眼界，扩大了社会见闻和见识，增强了问题意识，还了解到社会生活的丰富性和复杂性，提高了明辨是非的能力、调查研究的能力、分析解决问题的能力和团结协作的能力，增强了社会责任感和使命感，进一步坚定了回报社会、服务社会、引领社会、改造社会的决心和信念。

（四）勤工俭学

组织和指导学生参加一些校内外的勤工俭学活动，不仅可以让学生在服务社会减轻家庭的经济负担，改善自己的生活和学习条件，还可以让学生接触社会，把所学的理论知识付诸实践，在社会实践中体验社会，提高自己适应社会的能力，而且还可以充实学生的课余生活，加深对劳动的认识，培养艰苦奋斗、自力更生的精神。因此，勤工俭学活动是于学生自己、家庭乃至社会都有利的事。

但是，目前许多高校则更多地强调勤工俭学的助学意义，忽视了它的素质拓展，仅仅把勤工俭学纳入贫困生资困体系，主要面向贫困生提供校内外勤工俭学机会。这样，就把许多非贫困生拒于勤工俭学门外。勤工俭学是社会实践课程体系中唯一具有对等有偿性的一门"课程"，可以让学生真正体验自食其力的快乐，有着独特的教育意义。因此，不能狭隘地理解勤工俭学的作用，更应该从"育人"的高度来审视和把握勤工俭学的价值与意义，大力支持和鼓励更多的在校大学生去参加各种形式的勤工俭学活动。

（五）科技服务

科技服务是大学生在指导老师的带领和指导下，参与科技咨询、科技项目开发等科技服务活动，用科技知识或创新成果服务于社会的一种社会实践形式。同时，它也是高校社会服务体系的重要组成部分。大力开展科技服务类社会实践活动是充分发挥在校学生的科研生力军作用，推动校内"学生创新工程"向社会、企业拓展的重要举措，对于开阔学生的创新视野，培养学生的创新精神、创新能力有着重要的促进作用。目前，在"挑战杯"全国大学生课外学术科技作品竞赛的带动下，各高校在经费与指导老师两个方面对学生创新活动的支持力度不断加大，使学生创新活动呈现出创新团队加速组建、创新成果大量涌现的喜人发展态势，这就为开展高质量、高水平的学生科技服务活动奠定了坚实的基础。同时，科技服务活动的深入开展也极大地提升了学生创新活动的针对性和吸引力，有效避免了"为创新而创新"的创新误区，把学生的目光引向科技发展最前沿，有利于激发学生的创新热情与动力，也充分调动了学生的创新积极性和主动性。

科技研究与技术发明是培养大学生创新思维、创造能力的最佳途径，高校广泛开展的"挑战杯""科技创业杯""科技发明金点子大赛"等受到大学生的热烈欢迎，有些高校还专门为学生设立了研究课题。科技发明已经成为目前高校最为活跃的实践活动之一。

（六）挂职锻炼

挂职锻炼是近年来新兴的一种大学生社会实践形式，主要是指大学生利用课余时间到一定的社会工作岗位上担任一定的职务，接受实际的工作锻炼。它具有基层性、公益性等特点。"基层性"是指它面向基层单位；"公益性"是指它不计工作报酬。从根本上讲，挂职锻炼是一种志愿服务性质的社会实践活动。由于"挂职锻炼"岗位定向明晰、管理考核规范和经受锻炼全面，因而日益受到在校大学生的青睐，成为高校大学生社会实践活动的重头戏。

挂职锻炼是对大学生综合素质的检验与培养，对于提高大学生分析解决问题的能力、岗位适应能力、人际交往的能力、心理调适的能力，以及培养他们的工作责任心和社会责任感等有着重要的推动作用，是大学生参加工作前十分难得的实践锻炼机会。

三、大学生社会实践活动的组织与管理

（一）大学生社会实践活动的组织

大学生社会实践活动的组织是一项复杂的系统工程，不仅需要高校多个主要职能部门的参与，也需要校、院（系）、班等多个层面的参与，同时还需要全面统筹和充分利用校内、校外两个教育资源。因此，必须充分调动各个方面的积极性，做到既分工明确、责任明晰，又相互配合、协调一致，才能真正取得实效。

1. 要建立大学生社会实践两级领导机构

一是建立校级的大学生社会实践活动领导小组（或工作委员会），组成人员应包括分管党群、教学、学生、后勤工作的校领导，以及教务处、学生处、团委、后勤办的主要负责人，下设办公室，一般来说，可与党委学生工作部合署办公。二是建立院（系）级的大学生社会实践活动领导小组（或工作委员会），其组成人员与校级机构大体相同。三是明确责任分工。从纵向来看，一般校级领导机构主要是负责制度建设、统筹协调、宏观管理和考核评估等，而院（系）级领导机构主要是在校级领导机构的领导下，负责具体的组织管理工作。同时，从横向来看，一般由教学管理部门负责专业实习类、军事训练类和生产劳动类社会实践活动，由学生管理部门负责社会调查类和勤工俭学类社会实践活动，由党群组织负责志愿服务类、科技服务类和挂职锻炼类社会实践活动。

2. 要建立校、院（系）两级指导团队

每一类社会实践活动、每一个社会实践团队都需要专业化的指导团队的指导。校级指导教师团队主要是负责对社会实践活动的负责人和组织者进行专门培训；院（系）级指导教师团队主要是负责对参与社会实践活动的广大学生进行专门培训。

3. 要灵活组建社会实践团队

社会实践团队的组建不能一成不变，要因人制宜、因时制宜、因事制宜。对于不同的社会实践活动参与者要有不同的组建方式，对于不同类型的社会实践活动要有不同的组建方式，对于不同时期的社会实践活动也要有不同的组建方式。不管如何组建，最终的目标只有一个，那就是确保每一位学生都能够接受有效的社会实践教育。比如，生产实习类社会实践活动一般是根据专业教师包干负责制来组建实践团队；军事训练类社会实践活动一般是按照不同院系、专业来组建实践团队；科技服务类社会实践活动一般是根据项目组来组建实践团队；生产劳动类和社会调查类社会实践活动一般是根据班团组织来组建实践团队；勤工俭学类、志愿服务类和挂职锻炼类社会实践活动一般是根据不同的任务灵活组建实践团队。

（二）大学生社会实践活动的管理

1. 大学生社会实践活动的宏观管理

大学生社会实践活动的宏观管理关键在于大学生社会实践活动领导机制、指导机制、激励机制和保障机制的建设。

首先，要建立领导机制。如前所述，要建立校、院（系）两级领导机构。在此基础上，要建立和完善包括责任制、督查制、报告制等在内的领导机制。每种类型的社会实践活动都要明确责任部门和责任人，形成齐抓共管、一级抓一级、层层抓落实的工作局面。校级领导机构要在明确责任分工、优化资源配置、协调工作冲突、进行督促检查、开展专题培训等方面发挥主导性作用；院（系）级领导机构要在策划部署、人员配备、考核评定、社会实践基地建设等方面发挥关键性作用。

其次，要建立指导机制。没有高水平的专业指导，就不可能有高质量的社会实践活动。如前所述，要建立校、院（系）两级指导教师团队。在此基础上，要进一步完善指导机制。一是通过加强课程建设，建立和完善大学生社会实践培训课程体系及课酬制度，来推进校级指导教师团队的知识化和专业化；二是通过建立大学生社会实践指导教师进修培训制度和活动补助制度，来推进院（系）指导教师团队的建设。

再次，要建立激励机制。社会实践活动的最终受益者是学生。只有建立完善的激励机制，才能提高学生的积极性。一是探索和建立勤工俭学、志愿服务和挂职锻炼时数与学时之间恰当合理的换算关系，为进行学分奖励提供可靠的基础；二是根据科技服务时间以及科技项目获奖情况，对学生进行学分奖励。

最后，要建立保障机制。一是要建立学校、学生和社会三方共同参与的多元投入机制。学校要从学生的培养经费中划出专门经费来用于支持大学生社会实践活动的开展，特别是对专业实习、军事训练、生产劳动和社会调查这四个"必修科目"，要给予充分的保障。对于科技服务类社会实践活动，学校一方面要从开展创新教育和实施项目开发的角度出发，加大经费投入；另一方面要积极争取校外项目经费的支持。对于勤工俭学类社会实践活动，学校要立足于创造工作岗位方面的支持，千方百计增加校内外勤工俭学岗位，工作期间发生的一切费用由学生本人来承担。对于志愿服务类社会实践活动，要更多地以学校、社会共建的方式，争取更多的社会投入。对于挂职锻炼类社会实践活动，要以社会投入为主，学校也可给予学生一定的一次性奖励金。二是要建立社会化的风险保障机制。学生在参加社会实践活动中存在着各种各样不确定的因素，容易发生这样那样的安全事故。因此，除了对带队老师和广大学生进行安全教育、采取必要安全措施之外，还要为每一位学生购买商业保险。实践表明，购买商业保险是一种规避风险的比较稳妥可行的办法。

2. 大学生社会实践活动的微观管理

大学生社会实践活动的微观管理主要包括分类管理、学分制管理、项目化管理等内容。

首先，关于分类管理。所谓分类管理就是根据社会实践活动的不同类型采取相应的管理方法。每种类型的社会实践活动都有着特定的内容，决定了社会实践活动的管理模式不能整齐划一、千篇一律。对于专业实习、军事训练、生产劳动和社会调查等集中性、短期性的社会实践活动，应采取统一管理模式，即全校"一盘棋"，由学校统一安排部署，协同并进；对于勤工俭学、志愿服务、科技服务、挂职锻炼等分散性、长期性的社会实践活动，应采取分散管理模式，充分尊重学生的选择权，服务于学生的多样化需求。对于社会调查和科技服务类社会实践活动，可采取项目化管理模式；对于勤工俭学、志愿服务类社会实践活动，可采取认证管理模式，建立学生勤工俭学卡和志愿服务卡，定期对学生参加这两项活动的情况进行登记注册；对于专业实习、军事训练、生产劳动和挂职锻炼类社会实践活动，可采取属地化管理模式，校方只负责"事前"和"事后"管理，"事中"管理完全交给学生的社会实践基地负责。

其次，关于学分制管理。所谓学分制管理，就是把社会实践活动纳入统一的教学计划，对不同类型的社会实践活动采取规范化课程管理，明确学时和学分及学时核算和学分给定办法。对大学生社会实践活动进行学分制管理，是大学生社会实践活动走向规范化的重要标志。目前来看，专业实习和军事训练作为学生的必修课，在各个高校已经比较扎实地开展起来，不仅安排在"第一课堂"，而且明确了时间和学分，同时也安排在相对固定的时期内进行。比如，军事训练一般是安排在入学第一个学期进行，专业实习是安排在最后一个学年进行。但是，生产劳动、社会调查、志愿服务、勤工俭学、科技服务和挂职锻炼等"第二课堂"的社会实践活动，往往缺乏规范化的学分制管理。究其原因，主要是分类没有公认的统一标准，往往"形式多样、内容丰富"，一个隆重的启动仪式之后，学生们各显其能，最后上交一个社会实践报告了事。这种活动形式与学分制管理的规范化是格格不入的。因此，必须对专业实习和军事训练以外的社会实践活动进行科学分类和通盘考虑，要按照专业课程建设的标准来筹划每一类型的社会实践活动。不仅要明确社会实践类课程的总学分，而且还要规定哪些是"必修课"、必修学分是多少以及哪些是"选修课"、选修学分是多少。一般来说，生产劳动、社会调查是"必修课"，而勤工俭学、科技服务、志愿服务和挂职锻炼则是"选修课"。此外，还要授予负责指导社会实践活动的指导教师以考核权，坚持"谁指导，谁负责"，"谁负责，谁考核"。

最后，关于项目化管理。所谓项目化管理，就是对于社会调查、科技服务、志愿服务等任务指向清晰、活动内容明确的社会实践活动，运用项目管理的方法进行规范化管理。这是一种任务导向型的管理模式，可以充分地调动广大学生参与社会实践活动的积极性和主动性。由于项目资金一般由学校全额拨付或筹集，申请人只要提出主题明确、意义突出、可行性强的方案，就可获得资助，所以申请人可以全身心地投入到社会实践活动的策划和组织上，没有后顾之忧。这对于提高项目资金的使用效益，增强社会实践活动的实效性有着重要的推动作用。

第三节 加强组织建设

马克思曾经指出，人在其本质上不是单个人所固有的抽象物，在其现实性上，它是一切社会关系的总和。由于大学生是存在社会关系中的人，因此在大学里以群体共同学习的方式接受思想政治教育。在大学里存在许多群体组织，这些组织基本有：党组织和行政组织。大学生的学习和生活都在这些组织中进行，这就要求我们不断推进这些组织的建设工作，通过组织路径实现大学生思想政治教育的不断发展。

大学生思想政治教育的建制路径主要指的是大学生思想政治教育的工作组织建设，包括大学生党组织建设、团组织建设以及班级和学生会建设等，对于提高大学生思想政治教育的实效有不可估量的作用。

一、大学生党组织建设

（一）当前学生党建工作中存在的主要问题

改革开放以来，面对国家经济和社会发展的新形势和新任务，各高校都非常重视并采取切实有力的措施加强学生党建工作，促进高校改革和发展做出了突出贡献，并呈现出良好的发展态势。但同时，我们也要清醒地看到，由于种种原因，学生党建工作仍然存在着某些问题和薄弱环节。如何以创新的精神、科学的态度深入做好学生党建工作，把学生党建工作与大学生思想政治教育有机结合起来，促进两者共同发展仍是一个亟待解决的课题。

1. 思想建设方面

（1）大学生入党动机多样化倾向严重，理想信念不坚定。近年来，虽然大学生入党的队伍在不断壮大，但是受种种因素影响，大学生入党动机呈现出比较复杂的情况。多数大学生能把实现共产主义理想，全心全意为人民服务为追求目标，但也存在少数学生受不良社会风气的影响，认为入党可以提高自己的身价，把入党当作增加自己评优评奖、择业竞争的砝码。

（2）学生党员主动学习理论不够，特别是对政治理论的学习不够，理论水平不高。很多大学生对党的理论的了解根本达不到一个可以令人放心和满意的地步，党性修养缺乏理论基础。这表现在思想上，就是在大是大非面前，容易丧失立场；在行为上，不能始终如一地履行党员的义务和职责。

2. 组织建设方面

（1）学生党员发展过程中存在一定问题。有些党组织在发展大学生党员标准的把握上存在一定偏差，主要表现为：有些学生党支部在入党积极分子产生方面没有严格执行组织程序，存在着入党积极分子由辅导员指定的现象。

（2）学生党员教育工作存在"前紧后松"的现象。整体上看，高校党组织对学生党员教育工作非常重视，各高校都有比较完善的学生党员教育系统和管理体系，但也有一些高校党组织存在着对学生党员教育重视不够，忽视入党后的继续教育，存在"前紧后松"的现象。

3. 作风建设方面

（1）部分学生党员宗旨意识不强，奉献精神减弱。全心全意为人民服务是我们党的根本宗旨，也是党员先锋模范作用的落脚点，但在市场经济条件下，部分学生党员逐渐丧失了奉献精神与奉献意识，甚至斤斤计较，不以整个学校、全体学生的利益为先，而是以自身利益为出发点。

（2）部分学生党员先进性发挥不够，先锋模范作用不明显。先锋模范作用是中国共产党先进性在党员行动中的具体体现，共产党员发挥先锋模范作用是由党的性质、地位决定的，是党员不可推卸的责任。学生党员队伍中出现的与党员先锋模范作用不相称现象，不仅影响了学生党员本人的形象，更重要的是严重影响到了党组织的形象。

4. 制度建设方面

（1）有些学生党支部组织生活制度不健全，组织纪律不严明。有些学生党支部缺乏定期合理的组织生活，不能按时召开支部党员大会、支部委员会议、党小组会和党内民主生活会，很长时间都不过组织生活，组织生活的内容也不能够根据本支部的具体工作和学生党员思想实际制订出切实可行的计划和日程安排，造成组织生活质量不高。有些学生党支部以政治学习代替支部党员大会和党小组会，民主生活会的批评与自我批评开展不起来。有些学生党支部没有建立起考勤制度，部分党员在召开支部会议时迟到甚至无故缺席，纪律观念差，而对无故缺席组织生活的党员，党支部也不能及时地进行批评教育和处理。

（2）学生党员的管理监督制度不健全。在现有的学生党建工作中，对学生党员的管理监督制度仍不健全，并缺乏明确的可操作性规定，尚未建立起符合学生党员实际的目标管理考核评估体系和有效的约束制度。

（二）大学生党组织建制的完善工作

1. 夯实基础，扎实抓好新时期高校团组织"推优"工作

积极把包括青年学生在内的知识分子吸收到党组织中来，是我们党的建设工作的一条基本经验。积极吸收优秀青年学生入党对于保持党的先进性和提高党的凝聚力和战斗力，将产生广泛而深远的影响。

（1）深刻认识共青团组织"推优"工作的重要意义。

推荐优秀共青团员作为党员发展对象（以下简称"推优"）是新时期加强党的组织发展工作，提高党员发展质量的一项重要举措，同时也是党组织赋予共青团组织的光荣职责和团组织加强自身建设的一个重要途径。交了入党申请书。在新的形势下进一步探索和做好高校团组织"推优"工作，把优秀青年学生凝聚到党的队伍和事业中来，显得极为迫切

和重要。

（2）党组织要加强对"推优"工作的领导。

加强党团组织的配合和工作协调，做到"推优"工作的推接同步。一方面要求各级团组织在主动向党组织了解发展计划的基础上，制订相应的"推优"计划，做到"推接"紧密衔接。另一方面做到党总支、党支部真正地把团的"推优"工作纳入议事日程，加强与团组织的交流、沟通，做到党团组织密切配合，推接同步，使团组织的"推优"工作能够真正得到落实。

各级党组织要指导团委、团支部有计划地开展"推优"工作，尤其学生党支部应派专人深入到各团支部，指导"推优"工作，及时纠正"推优"工作中存在的不足，逐步完善"推优"工作。如，有的高校实行的"驻班党员"制度，安排高年级的学生党员驻扎到低年级的团支部，指导团支部开展入党积极分子的培养考察和选拔工作，取得了较好的工作效果。

2. 创新机制，进一步加强高校学生党员队伍的教育工作

（1）当前大学生党员队伍教育工作存在的不足。

近年来，在高等教育不断发展的过程中，高校学生党员队伍的教育工作也得到了进一步加强。但是在新的形势下，高校学生党员的教育工作也还存在各种不足。主要表现在：教育领导机制不健全、教育保障机制不完善等。

（2）高度重视，建立健全学生党员教育领导和保障机制。

第一，提高认识，建立健全学生党员教育领导机制。要从实施人才强国和建设创新型国家战略的高度，深刻认识加强和改进学生党员教育工作的重要意义，把加强高校学生党员教育工作提到学校党委工作的重要议事日程上来，切实把高校学生党员教育工作落到实处。

第二，狠抓落实，完善学生党员教育保障机制。重点要抓好两个方面的保障：

一方面是，组织制度保障。加强大学生党员教育工作，组织制度保障是基础。要针对新形势下高校学生党建工作面临的新情况、新问题，及时研究和总结工作经验，把成功的探索性举措变成经常性办法，把有效的临时措施变成长效机制，保证学生党员教育工作的制度化、规范化。

另一方面是，科学的教育内容和组织教育方式。教育内容、组织方式和教育形式是保证党员教育取得实效性的两大要素。

（3）增强实效性，创新学生党员教育活动机制。

第一，创新大学生党员教育的管理机制，正确处理好对学生党员的管理、使用和教育的关系，实现"组织形态与活动形态有机结合、适当分离"。目前在高校教学中大多实行学分制，因此，对学生党员的教育也可以借鉴和采用学分制的方法。

第二，加强调研，提高学生党员教育活动的针对性。要提高学生党员教育活动的针对性，就必须加强学生党员的思想动态调研工作。要加强基层支部负责人培训工作，不断提高支部负责人的综合素质，使支部负责人在教育活动中给受教育者更新、更多、更有说服力的信息，提高教育活动的针对性和实效性。

3. 重视党性修养，加强高校学生党员队伍作风建设

首先，要认真学习马克思主义理论，提高理论素质。因此，在新的形势下，必须认真学习马克思主义基本理论，用马克思主义中国化的最新成果武装头脑，树立共产主义世界观，解决好思想上入党的问题。

其次，认真学习党的思想路线和党的基本知识，培养良好的思想作风。认真学习党的思想路线和党的基本知识，就是要对马克思主义发展史、基本国情和基本路线以及国际国内经济社会发展动态进行系统的学习，用我们党不断推进理论创新的实践成果指导改造自己的主观世界，树立马克思主义的实践观点和发展观点，以宽广的眼光观察当今世界和当代中国，保持与时俱进的思想观念和奋发有为的精神状态，把个人理想融入全民族的共同理想之中，在为祖国、为人民的不懈奋斗中实现自己的人生价值，以实际行动彰显共产党人的人格力量。

最后，要认真学习专业文化知识，努力掌握为人民服务的本领。作为大学生党员，只有勤于学习、敏于求知，不断积累新知识、增强新本领，掌握市场经济的规律和科学文化知识，增强自身的理论修养和实践技能，立志成才，投身改革，自觉奉献，才能在建设中国特色社会主义事业的伟大实践中真正体现大学生党员的价值。尤其要在学习过程中努力培养创新意识和创新精神，提高创新能力，把创新精神和科学态度结合起来，把胸怀大志同脚踏实地结合起来，不断提高大学生党员的综合竞争能力。

二、大学生班级和学生会建设

（一）大学生班级建设

大学生在校学习、生活，离不开班级。班级是学校根据教育、管理的需要而组建起

来的基本组织形式，是大学生自我教育、自我管理、自我服务的主要组织载体。因此，加强班级班风和学风建设，发挥班集体在高校思想政治理论教育中的作用，十分重要。

班集体建设，主要是班风和学风建设。多年来，高校坚持优良学风创建活动，做了大量探索工作，积累了丰富经验。一批批先进班级不断涌现。这些先进班集体，通常具有一些共同特征：有一个团结、进取、奉献的班委，制定明确的班级工作目标，形成特色的班级活动，树立班级形象，建设优良学风；以思想交流为基础，用相互关心、相互帮助来凝聚同学，共同成长。做好班级、学生会组织建设中的思想政治理论教育要掌握以下要点。

1. 确立班级共同目标

班级共同目标反映了全班同学共同的期望和追求，是激励全班同学前进的方向与动力。班干部应根据学校和学院（系）的培养目标与要求，根据广大同学的需要，制订分阶段、有特色的具体发展计划，形成共同目标，并将这些目标分解、细化，逐步实施。如学习优秀率、考试通过率、就业率、管理合格率，以及在各种竞赛、文娱活动等方面成绩，等等，都可以制定比较详细的具体目标，并提出实现目标的措施，以共同目标凝聚全班同学，相互促进。

2. 加强班级制度建设

建立健全班级制度，是实现共同目标的保障，也是实现班集体自我管理、自我约束的途径。班级制度是根据学校有关制度在班级的具体化，主要有：班干部工作制度、班干部换届选举制度、主题班会制度、学习制度、卫生制度、班费使用制度、评选先进制度、奖学金评定制度、助学金评定制度，等等。事实表明，将涉及全班同学利益的事情，通过民主讨论后形成一定规范，以制度作为班级成员共同的行为准则，可以有效地促进班级同学从他律走向自律，达到自我教育的良好效果。

3. 发挥班干部带头作用

班干部是班级的核心，在建设良好班风中具有重要作用。选出一个真正愿意为同学服务的班干部群体，既要愿意为同学们服务，又要有能力为同学们服务，还要具有一定的号召力与影响力，这就要求大力发扬民主，将那些学习成绩好、思想素质高、作风正派的同学选出来，担任班干部尤其班长、团支部书记等职务。优秀的班集体都是由优秀的班干部带出来的。

（二）高校学生会建设

高校的学生会是在高校党的领导下、团组织指导下，大学生自我教育、自我管理、自我服务的群众性组织，也是推动高校思想政治理论教育的依靠力量。由于学生会与学生有着广泛的天然的联系，直接代表学生利益，是学校和学生沟通的桥梁和管道，因此学生会对广大学生具有较大的影响。选拔、建设一支思想素质高、服务态度好、工作作风正、领导能力强的学生会干部队伍，就能有效组织学生的各种活动，推进高校思想政治理论教育。为此，高校学生会应该自觉接受党的领导和团的指导，坚持从学生中来、到学生中去、为学生服务的优良传统，团结广大同学，倾听同学呼声，反映学生诉求，代表同学利益，真正做到贴近实际、贴近生活、贴近学生。不少高校学生会在实际工作中总结出了"三个一"的工作经验：一体（学生会的工作与学校工作融为"一体"，争取学校大力支持）、一线（学生会要上学生活动的第一线）、一流（学生会工作要不断创新勇于开拓，争创一流水平）。这是学生会开展工作、推动思想政治理论教育的有效经验。

第七章

依托互联网开拓大学生思想政治教育平台

习近平总书记在与各界优秀青年代表座谈时强调，青年是最富有朝气、富有梦想，青年兴则国家兴，青年强则国家强。互联网的发展给大学生思想政治教育提供了一个广阔的平台，要依托互联网进行大学生思想政治教育。

第一节　大力构建大学生思想政治教育主题网站

一、构建大学生思想政治教育主题网站的必要性

微文化时代，网络正进行着一场革命，互联网发展速度要比以往任何一种科技都要快，它延伸至世界各地。网络为人类提供了新的交流方式，对人类生活的各个方面起到重要的推动作用。但是由于网络具有开放性、匿名性以及个性参与的特点，使得在网上一些不利于人们正常生活和思想观念的信息传播开来，这不利于大学生思想政治教育的顺利实施。大学生正处于思想动荡的年纪，其世界观、人生观和价值观还没有稳定下来，思想容易受到不良信息的侵蚀。主要表现在以下几个方面：一是多元化的信息导致大学生思想产生混乱。由于网络信息具有开放性，在网络上的问题都具有多维、变化的特点，不能用单一的价值观对这些问题进行评价，东、西方文化价值的差异对在大学生思想产生了强烈的冲击，这就使得大学生在树立三观的时候要面临更多的诱惑。二是大学生容易受到西方强权文化的影响。网络的开放性使得西方文化可以超地域地对大学生进行思想上的影响，大学生具有思想活跃、好奇心强的特点，这就使得大学生容易受到西方文化的影响，出现价值偏差。三是各类信息垃圾会对大学生的思想和行为产生不良影响。在网络上，各类信息并存，甚至有许多下流庸俗的信息以及反动言论，这些对于辨别力还不高的大学生来说影

响极其有害。四是网络的虚拟化特征使得大学生在心理健康方面产生了一些问题，如有些大学生沉浸在网络中，忽视了正常的社会交往，导致人际关系冷漠。面对互联网的强势发展，大学生思想政治教育需要对网络带来的冲击做出强有力的回应，因此，就必须加强网络大学生思想政治教育，要建立一个专门的思想政治教育网站，做好大学生思想政治教育工作。

二、当前大学生思想政治教育主题网站建设中存在的问题

虽然当前各大高校投入了大量的人力、财力和物力在大学生思想政治教育专门网站上，使主题网站有了一定的条件保障，但是大学生思想政治教育网站建设仍然存在着一些问题。

（一）部分网站建设理念相对滞后

当前社会是一个更加开放、更加灵活的社会，对人的个性自由全面发展更加注重。但是，部分高校在进行大学生思想政治教育网站建设时，没有遵循"以人为本"的教育理念，仍然是以传统的思想政治教育理念进行指导，网站建设从课堂主导者角色出发，有一种威严，这对于处于新媒体时代下的大学生来说不具有说服力，主题网站不应居高临下，应当具有亲和力和人性化，要从平等的观念出发，进行网站内容等相关方面建设。

（二）网站的管理水平和发展水平不均衡

当前来看，各个主题网站在建设水平上的差距有很大，主要表现在三个方面：一是在页面设计方面，有的网站具有鲜明的特色，设计、布局合理，而有的网站的页面制作水平则很差，无法吸引人；二是在网站的内容建设方面，各个网站没有统一的标准；三是在网站维护方面，有些网站内容更新不及时，有些则链接无效等。

在网站管理方面，由于主办部门有多个，在网站管理方面不具有统一性。由于我国关于大学生思想政治教育网站建设还没有一个全国性的宏观规划，再加上各个地方都具有自己的特色，因此，大学生思想政治教育网站目前是处于相对分散的一个状态，网站之间没有一个系统性和规范化，相互间的联合协作也比较少，不方便用户的使用。

（三）网站的利用率不高

虽然高校建立了许多思想政治教育网站，但是由于网站的吸引力不够，主题网站的访问量很少，这就使得主题教育网站无法真正发挥作用。网络的特殊性使得网站的点击率

无法由网站的建立者决定，这就需要网站的建设者在内容和设计上下功夫，提高网站的吸引力，增强网站的点击率。

（四）网站的内容比较枯燥

网络是一个万花筒，在网络中可以寻找到个体所需要的绝大多数学习、生活、工作以及娱乐的信息。大学生正处于成长的年纪，其有强烈的成长成才的愿望，个性张扬，同时也有很强的娱乐需要。当前来看，大学生思想政治教育主题网站在内容上多是政治理论知识，对于大学生的兴趣爱好和休闲娱乐方面关注得比较少，内容也比较陈旧，对于时代内容也没有及时更新，这就使得大学生不愿意在这样的网站中长期停留，无法充分发挥大学生思想政治教育主题网站潜移默化的教育作用。

三、大学生思想政治教育主题网站内容建设要求

（一）针对性和灵活性

面对信息网络化、经济全球化和市场化、政治文化一体化等诸多方面的挑战，当前大学生受到的思想冲击要比以往的大学生大得多，因此，他们的思考问题和人生疑惑也是大大增多。如，"马克思主义是否已经过时了？""市场经济是否会导致新的贫富分化？""市场经济是否会导致公有制的解体？""我们党能否根治腐败？"等等。这些问题都对大学生有着很大困扰。因此，思想政治教育主题网站在内容建设时要对时事政治教育、伦理教育等内容进行加强，以使大学生的一些错误认识和思想得到纠正。同时也要贯彻灵活性要求，对网站的内容信息做及时地调整，做到贴近大学生的生活和思想实际，有的放矢，进而提高网络思想政治教育的实效。

（二）生动性和艺术性

进行思想政治教育内容建设的过程其实质上就是运用大量丰富、生动的有效信息，对网络受众进行教育，达到提高网络受众思想观念、价值观念和精神状态的一个过程。因此，大学生思想政治教育主题网站内容要具有生动性和艺术性，这有助于提升主题网站对大学生的吸引力，而一个重要的有利条件就是多媒体技术和网络技术的不断发展，在进行内容建设时要充分利用这些信息技术，对思想政治教育内容进行精心的选择筛选和创新，对其进行精心设计与制作，将其集声音、文字、图像、数据等为一体，使思想政治教育主

题网站的信息内容具有集成性、同步性、交互性和形象性，使思想政治教育向声色俱全、图文并茂、声情融会方向发展。

（三）层次性和时效性

层次性，就是要求根据网络思想政治教育的目标和任务的层次性并结合当前大学生的生理、心理和思想状况的层次性对主题网站的内容进行构建。由于教育具有层次性，因此，在进行内容建设时也要具有层次性，使大学生在逐级的教育过程中得到成长。思想政治教育主题网站的内容建设既要立足于现实，又必须超越现实，由于大学生受众的思想状况具有多层次性，因此，在进行主题网站内容构建时要根据不同层次水平的大学生，制定、围绕各个不同的具体工作目标，并根据此设置思想政治教育主题的内容和开展相关的网上教育引导活动。如，可以根据不同类型（高职生、专科生、本科生、研究生等）、不同年级（低年级、高年级）、不同学科或专业等大学生的不同需要及特点，适当设置不同的信息呈现方式或网络互动方式，来调动大学生的积极性。这样，才能打造出一个精品思想政治教育主题网站。

第二节　加强微博在思想政治教育中的作用

微文化背景下，微博是一种重要的网络交流工具。大学生思想活跃，易接受新事物，已经是微博的重要用户群体之一。因此，要充分加强思政微博在大学生思想政治教育中的作用。

一、思政微博的特点

思想政治教育微博是由高校思想政治教育工作者通过网络日志的方式对大学生进行思想政治教育。思政微博的特点主要有以下几个方面：

（一）思政微博形式多样，内容丰富

微博在内容上可以集文字、图片、视频等单一形式或组合形式于一体，因此，微博的这一特点在对大学生进行思想政治教育的时候要比课堂教学更有趣味性和生动性，从而可以充分调动学生对思想政治理论的学习兴趣。

（二）思政微博促进师生交流

教师的思政微博中既有老师精心制作的思想政治教育文章、图片或视频等，也有教师个人的生活、思想点滴，通过对思想政治教育教师的微博进行关注，学生可以在学到思想政治理论知识的同时，感受到教师的心理世界，对老师的人格有一个充分的了解，这样更有助于师生之间的交流，拉近师生间的距离，有助于使学生接受老师的教诲，提高思想政治教育的实效。

（三）互动性

网络具有的匿名性和开放性使得大学生可以充分表达出自己的想法和观点，也有利于思政教师对学生的思想有一个深入的了解，从而在进行思想政治教育时可以有针对性地对思想政治教育教学的方式、方法和内容做出调整。在微博上，学生可以通过留言与教师进行沟通，教师也可以及时地进行相关内容的回复。

二、思政微博在思想政治教育中的优势

（一）思政微博成为更具吸引力的大学生思想政治教育载体

思政微博采用文字、图片以及视频等丰富的信息传播形式，与传统的思想政治教育理论课课堂教学中单一的教育手段相比来看，更具有吸引性，更能满足大学生的心理特征，因此，也更容易受到大学生的喜爱。

（二）思政微博成为更高效的思想信息传播工具

思政微博具有资源丰富、信息量大、形式多样、随时更新的优点，因此，可以超越时间和空间的限制，与传统的思想政治教育方法相比，具有超越性。在思政微博上，教师可以通过发布具有个性化的思想政治教育内容，用最短的时间，通过文字、图片或视频等方式，向学生传播相关的理论知识。学生可以通过任何可以上网的设备在任何地方、任何时间获取所需的信息，而不必只局限在教室里，这就使得思想教育信息的传播效率得到了极大提高，使其成为更高效的思想信息传播工具。

（三）思政微博是学生进行自主性的理论学习途径

当前社会的多样化使得大学生很容易迷茫，不知道自己的方向是什么。而由于网络

的开放性与自由性等原因，使得大学生愿意在网上去寻求答案，而思政教师的微博成为首选。思政微博满足了学生希望接受思想政治教育的需求，为大学生主动接受思想政治教育搭建了新平台。由于需要对于自己的迷惑进行解答，学生会在浏览思政微博时进行主动的思考，然后会进行相关的实践探索。这种过程加深了大学生对相关内容的理解，增强了学生的实践性。思政微博的内容具有开放性及导读性，学生在进行选择阅读时都是自主地选择和判断，使得微博成与师生网上互动的思想交流平台，学生的学习由被动变为主动，传统的理论"灌输"变成学生的主动学习浏览，学生在学习时具有自主性，为大学生进行自主学习思想政治理论知识开拓了新的空间和平台。

（四）思政微博成为推动高校辅导员专业化的新力量

高校辅导员专业化发展要求辅导员要不断进行反思，要对自身的学习方式、知识积累量以及教育方式等进行更新和完善，在这个过程中思政微博可以起到良好的推动和辅助作用。思政微博为高校辅导员提高自身能力提供了一个学习和交流的平台，微博具有的开放性与共享性，高校辅导员可以自由的浏览其他著名专家、优秀高校辅导员的微博，学习他们先进的思想，工作经验，达到拓展自己的知识储备，更新、完善自己的教育理念及架构的目的。同时，也可以通过微博的留言与同行之间针对工作中遇到的问题进行交流，从而不断提升自己的业务能力。与此同时，高校辅导员对于自己的思政微博也要及时更新，保证思政微博在内容上的时效性。高校辅导员对于自己的教育思想和工作方法也要进行总结成文，做好资料的积累，不断反思，提高自身的专业水平。

三、高校思政微博在思想政治教育中的应用

（一）团支部建设（班级建设）

团支部建设以思政微博为平台，可以通网络信息进行交流，促进大学生不断成长成才。但是在发展过程中也出现了一些不好的问题：在管理上没有一个长效发展机制，内容上大学生相关的就业、发展及兴趣贴近比较少，专业教师和辅导员的积极性不够等。这些都不利于思政微博在团支部建设中发挥作用。

（二）师生交流平台

高校的扩使得高校辅导员与所带大学生在数量比例上严重超标，加上辅导员的事务性工作比较繁杂，这就使得辅导员与学生之间的联系比较少，沟通交流机会也缺失，师生

关系比较冷漠，这有违思想政治教育的"以人为本"的理念。打造思政微博作为师生交流平台有助于增强师生间的交流和信任。一方面，辅导员可以将学生反映的思想困惑、学习及生活问题进行集中归纳处理，通过博文来引导对学生进行引导，使学生健康地生活和学习；另一方面，辅导员在微博上记录自己的关注热点和焦点、教学和科研总结、生活感悟等，贴近学生的生活，让学生更加了解自己。

（三）高校辅导员考核及成长平台

为了加强网络思想政治教育的实效性，各级领导都注重学生工作队伍能力的加强，高校思政微博作为开展网络思想政治教育工作的重要载体和工具，被越来越多的高校当作辅导员业绩评定与职称评审的基本要素。当前国家政府和高校越来越重视高校学生工作队伍的职业归属感与工作待遇问题，出台了相关措施，提高了高校学生工作者的积极性。

（四）思政教育科研平台

思想政治教育工作要不断创新，这依赖于思想政治教育科研活动的开展。但是学生工作者平时管理工作繁重，在知识积累和学术理论思考交流非常缺乏，这不利于思想政治教育工作在理论和实践上进行创新，因此，可以通过思政微博来加强思想政治教育工作者之间的联系和交流，促进思想政治教育工作者理论研究和实践研究的深化，从而使大学生思想政治教育工作得到创新与发展。

（五）心理健康教育平台

当前社会大学生心理问题逐渐增加，虽然在高校中设有心理健康教育中心，也开展心理健康教育排查、开展心理健康教育以及开展心理个案咨询和辅导等。但是也有学生羞于接受心理咨询等弊端。思政微博具有的为开放性、互动性和隐匿性等特点使得大学生心理健康教育得到了创新发展。一是可以通过思政微博对大学生心理健康方面的知识进行推广。二是思政微博可以疏解学生的心理压力。高校微博的隐匿性可以使学生在与老师交流的时候采用匿名的形式，从而消除学生的心理顾忌，取得更好地教育效果。

（六）学生党员教育平台

高校既可以利用思政微博开展学生党员教育工作，也可以在党建思政微博上开设一些特色栏目，如党建经验、时事论坛、思想感悟、教师指引等。且可以在学生党员的微博中设置专门的指导老师对微博建设进行指导，加深党员微博的内容深度，加强其专业特色。

（七）校园文化展示平台

新媒体时代的到来，使得校园文化建设深化到网络中来。校园网、网络社团和校园文化宣传站等载体都在不同程度上夯实了校园文化的发展。思政微博作为一种良好的网络载体，在校园文化传播和展示方面的作用主要表现为以下三个方面：一是大学生思想政治教育工作者和大学生在思政微博传载交流思想政治教育活动的图片、视频，体现的是高校校园文化育人理念的缩影。二是大学生思想政治教育工作者和大学生在思政微博中传载校园景观图片、视频可集中体现高校校园文化的特色。三是大学生思想政治教育工作者和大学生在思政微博中传载、评论各校校园文化的特色，这些都为加强高校校园文化宣传和建设起到了良好作用。

（八）思想政治教育管理交流平台

思政微博的管理作用主要体现在以下两个方面：一是"柔性"管理。网络思政微博教育具有形式的新颖性与虚实性、教育内容的针对性与隐蔽性、教育方法的综合性与互动性等特点，这种特点弥补了思想政治教育管理中的刚性有余而柔性不足的缺点。在思政微博平台上，高校学生工作者通过微博将平时课堂管理、公寓管理及其他学生纪律规定转化为学生喜欢的博文，可以避免日常管理中"硬性"约束的传统方式，实现了思想政治教育管理从灌输型向渗透型转变，从训导型管理向民主型管理转变的工作模式和理念，提高了思想政治教育管理的实效性。二是思政微博具有的便捷性和集中性，使得思想政治教育管理工作的效率得到大大提高，降低了时间和物力成本。

（九）队伍建设平台

网络思想政治教育工作的不断深入和发展，思政微博在推动队伍建设方面发挥了重要作用：第一，高校思政微博为大学生思想政治教育工作者提供了理论研究与实践工作交流展示的良好平台。大学生思想政治教育工作者可以通过将自己的相关经验、研究、所思所想等以博文的形式发现出来与同行进行交流。第二，高校思政微博为高校学生干部工作交流提供了良好平台。高校思政微博中大量的高校、学院、班级和党支部开展的不同主题不同形式的思想政治教育活动，为高校学生干部提供了生动的案例，有助于学生干部工作的展开。第三，高校思政微博为大学生思想政治教育理论课教师提供了了解学生生活和学习的良好平台。由于思想政治教育理论课教师了解学生状况是一项比较困难的事情，而高校思政微博承载的丰富多彩的学生学习、生活实际状态，为高校思想政治理论课教师掌握学生思想动态提供了有效资源，有助于思想政治理论课教师进行有针对性的教学。

四、当前思政微博运营中现存的问题

（一）博文质量不高，缺少应有的思想内涵

在实践中，高校思政微博中存在着一些缺少思想性、教育性的博文，其主要表现在以下方面：一是有的思政微博中博文信息缺少"教育"力度。由于在认识上存在着一定的错误，一些思想政治教育工作者，特别是辅导员，喜欢在自己的微博中发表一些通知类的信息，如招聘信息、竞赛评比信息，甚至会议通知等。这类文章对于学生起不到教育作用，没有教育意义，它们的大量存在使思政微博沦为信息通告栏。这就降低了思政微博作为大学生思想政治教育载体的作用。二是有一些博文主要反映的是博主个人的心路历程，表达的是个人情感，在思想上不具有深度和内涵。由于少了人生的感悟和对他人思想的启迪，因此，这类博文的思想政治教育效果也差强人意。三是有一些博文对受教育群体指向不明，没有针对性，在内容上比较空洞无味，缺少思想政治教育的深度和广度，也没有教育的针对性。这些博文都使得思政微博的教育载体作用被削弱，不利于思政微博的发展。

以上问题的产生主要是由于两方面原因，一是一些大学生思想政治教育工作者的理论功底比较薄弱，分析问题的能力有待提高，对于现存的一些问题不能从理论深度和高度进行分析；二是有些大学生思想政治教育工作者的人生经验和阅历还不够，对社会和人生没有深刻的认识，因此在思想上具有局限性，因此博文会出现问题。

（二）思政博主与学生间的互动频率低

博主与学生之间的互动频率低是导致思政微博思想政治教育载体效能不能得到充分发挥的重要原因之一。当前许多思政微博中存在一种现象：思政微博的点击率很高但是学生的评论或在微博中的留言却很少。虽然在微文化时代，自媒体迅速发展，学生与教师的沟通有许多，不能硬性要求学生通过思政微博与大学生思想政治教育工作者进行交流。但是，学生如果不能有效运用思政微博与大学生思想政治教育工作者交流，必然会不利于思政微博载体作用的充分发挥。

（三）博主对思政微博重创建、轻维护和管理

有些思政微博创建后未得到及时有效的管理，这就使得思政微博的作用得不到充分发挥。其中，最具代表性的现象就是思政微博更新速度过慢。大学生思想政治教育工作者对思政微博疏于更新，就不会吸引大学生经常去浏览。这类思政微博自然也无法发挥思想

政治教育的作用。博文的更新要具有周期性，不能十几天搞一次"突击式"，可以每周更新一次，这样既可以保证博文质量，也让读者有时间充分阅读。

也有一些思政微博转载他人博文的数量过多，缺少原创性。这主要是因为博主缺少对思政微博的维护和管理意识。一些思政微博的博主把写微博当作"应付差事"，缺少主动性，从而在无形中降低了思政微博的载体效能。

（四）很多思政博主缺少应用思政微博的技巧

思政微博是集文字、图片、音频和视频为一体的，对于这些元素在写博文时需要合理进行安排和利用。主要表现在以下三个方面：其一，一些博主在使用思政微博时不能对这些元素进行有效利用，思政微博沉闷无趣，这就使得思政微博吸引不了读者，降低了思政微博的载体效能。其二，一些思政博主在撰写博文时，在文字上亲和力不够，或者博文写作水平欠缺，语言多带有"新闻联播"的腔调，"严肃性"有余，"活泼性"不足，这就降低了读者的阅读兴趣，回头率很低。其三，也有少数思政博主对图片过度使用。往往是一张图片加一句话，甚至就几个字，这样的博文意义性不足，没有明显的教育意义，也使得思政微博的载体效能无法得到有效地发挥。

五、充分发挥微博在思想政治教育中的载体作用

（一）扩充思政微博教育内容的承载容量

思政微博教育内容承载容量对于其载体效能的发挥有着直接影响。思政微博要想发挥好思想政治教育载体作用就要有充分的教育内容，需要说明的是，这里所指思政微博教育内容的承载容量不是物理意义上简单地指信息数量的多少，而是指在微博中，关于思想政治教育的信息在内容上要具有丰富性，要结构上要具有合理性。这是因为，只有信息结构合理，才能在传递思想政治教育信息时更有效地传播；只有信息内容丰富，才能促使受教育者接受大学生思想政治教育，进而才有可能实现大学生思想政治教育的目标。因此，要扩充思政微博教育内容的承载容量，这就是要做到丰富思政微博的教育信息。受博主自身方面的原因，并不是要求每篇博文都要将这些信息包含进去，而是博主要根据自身的条件和优势，对博文内容进行合理安排，为大学生提供精神食粮。此外，博主也可以在博文中加入文章链接来丰富文章内容，拓宽文章的信息广度。这样可以让读者通过一篇博文了解更多的知识的同时，对于优秀的微博也起到了推广作用，在一定程度上可以增强大学生

思想政治教育的实效，使思政微博的载体效能得到充分发挥。

（二）打造"品牌"思政微博，扩大大学生思想政治教育教师优秀思政微博的影响力

"品牌"思政微博指的那些既能反映大学生思想政治教育成果，又在一定范围内被多数学生知晓、喜欢的思政微博。高校及上级有关部门可以通过多种方式向大学生多推荐一些亲和力强、教育性大、感染力突出的大学生思想政治教育教师的思政微博，来打造一些"品牌"思政微博。如可以通过评选各级"大学生喜爱的思政微博"等途径，对大学生进行引导，使大学生对于大学生思想政治教育教师的思政微博进行关注。在评选"大学生喜爱的思政微博"（或类似的评比）过程中，要向学生介绍候选的大学生思想政治教育教师思政微博，使学生对这些思政微博有充分了解，进而激发学生的主动性和积极性，主动参与评选；在各类评选结束后，要让获奖的大学生思想政治教育教师的思政微博走进学生的学习生活中去。主办机构要提供获奖思政微博的网络地址，各高校要主动在本校校园网内对各级获奖的大学生思想政治教育教师思政微博进行链接，方便广大学生都能很容易地浏览大学生思想政治教育教师的优秀思政微博，共享优秀大学生思想政治教育教育的资源。

对于获奖的高校思政微博要进行动态管理和监督。有关部门要对各类评比中产生的优秀思政微博进行定期检查，督促博主对微博及时进行维护与管理，确保获奖的高校思政微博良性运行，不断写出优秀的博文，对大学生的思想行为进行指导，从整体上扩大高校优秀思政微博的影响力，发挥其载体效能。

（三）重视学生评论，及时回复学生的留言

学生在思政微博中进行留言评论，是学生通过思政微博与大学生思想政治教育工作者进行互动的过程。通过对评论和留言进行分析，可以在一定程度上理出大学生的思想脉络与德育需求，因此，大学生思想政治教育工作者对于博文中的评论要及时对学生反馈，回复学生留言，从而使得思政微博的载体作用可以得到充分发挥。

首先，大学生思想政治教育工作者对于学生的留言或评论要定期进行研究分析，对评论做出梳理，找出其中师生的思想共鸣点。为了在大学生思想政治教育过程中有效进行师生互动，大学生思想政治教育工作者在微博中应该对学生的评论给予反馈，在反馈评论时要本着平等的原则。大学生思想政治教育工作者要有一颗宽容之心对待学生的评论，不管学生的评论是否准确，大学生思想政治教育工作者在与学生进行交流的时候要平和宽容。说服学生的时候要以理服人，以情动人，要以真理的力量来打动学生，使学生从心底

深处接受教育，从而提高教育的实效性。

其次，思政博主对于学生的留言回复要重视起来。大学生思想政治教育工作者要及时、有效地回复学生的留言，这是用好思政微博的不二法则。大学生思想政治教育工作者对于学生的留言要及时回复，一般要在 24 小时内，这样有助于提高大学生思想政治教育的实效性。回复学生的留言时，大学生思想政治教育工作者要注意语言的有效性：大学生思想政治教育工作者对于学生在留言里的问题要进行针对性的回答，不能只求简洁而忽略了问题的本质。

为了提高微博思政载体功能的有效发挥，大学生思想政治教育工作者为了对学生进行有效回复，就需要在网下对于大学生的思想和行为进行充分的了解。大学生对博文的评论与在微博中的留言行为，反映出其思想上的诉求。要有效满足学生的需要，就需要在大学生思想政治教育工作者掌握大学生思想脉络的基础上进行，如果只是就事论事的"回复"，思政微博的载体效能无法长久的发挥用。因此，需要大学生思想政治教育工作者在微博之外，对于大学生的思想行为发展变化进行主动性的研究，以"线下"研究支持线上"教育"，形成网上网下协同作用的良好态势。

（四）提高博文的思想深度、增强博文的针对性

要在思政微博中杜绝活动通知类的博文，减少思政微博中的冗余信息。大学生思想政治教育者在撰写博文时以引导大学生走好成长、成人、成才、成功的道路为中心进行。要充分发挥思政博文给大学生解疑释惑、促进他们思考人生、帮助大学生规划未来、指导大学生健康成长的作用。

当前，大学生思想政治教育者在进行思政微博写作的时候要对两方面内容进行强化，一是用通俗的语言进行马克思主义大众化宣传。二是对社会主义核心价值观要进行深入的宣传。在思政微博中对马克思主义和社会主义核心价值观进行宣传时并不是直接将相关文件复制粘贴进去，而是博主要以原创博文，对相关理论进行阐释和论述，帮助大学生对于马克思列宁主义、毛泽东思想和中国特色社会主义理论体系以及社会主义核心价值观有一个深入的理解，使大学生自觉接受和认同这两方面的内容。大学生思想政治教育者在撰写相关博文时要注意以下方面：一是要突出教育重点。要将马克思主义和核心价值观这些抽象的理论用可感知的生动形象表现出来。最重要的是，要让大学生理解、认同这些重要的理论。二是要综合地对博文的多种形式进行运用。包括运用文字、图片、音频和视频。使自己的博文形式多样化，从而有助于提高大学生对抽象理论的理解和认同。三是采用渗透的方法，将马克思主义理论与社会主义核心价值观方面的内容在博文中写进去，通过讲故

事、谈感受、抒情感等方式，使学生明白相关的知识。四是撰写博文时要注意阅读对象的思想和知识等方面的特点，行文要通俗易懂，尽量少用学术性的词汇，要用大学生明白的语言来进行博文的写作，可以在其中适当运用一些网络符号和网络词汇。在思政微博中，其主流观点内容既要正确，也要活泼有趣，富有时代特征。

（五）以思政微博为平台，加强师生互动

大学生思想政治教育工作者主动进行网络"议程设置"。"议程设置"指的是媒介选择社会议题时，要遵循一定的价值观念和利益取向，并按一定规则给予程度不同的关注。"议程设置"理论认为，大众传播虽然无法决定人们对某一事件或意见的具体看法，但可以通过提供给信息和安排相关的议题来改变人们关注哪些事实与意见及他们谈论的先后顺序。大众传播可能对于人们怎么想事情无法改变，但对于人们想什么却是有很大的影响。网络"议程设置"和"辅导答疑"两者是有明显区别的。辅导答疑主要是有问有答和有问必答，它以学生"问"为基础。虽然也是解惑，但是和网络"议程设置"比起来，更偏重于"被动"解惑。网络"议程设置"则是主动出击。大学生思想政治教育工作者在思政微博中要善于通过"议程设置"，引起学生的兴趣和关注。具体来看，就是可以采用顺"事"引导和各抒己见等方式。顺"事"引导就是借发生突发事件或重大事件之际，提出相关的讨论话题，借此来达到使大学生思想政治教育工作者了解学生思想动态，积极引导学生向正向发展的目的。各抒己见就是博主提出一个比较开放式的话题，让学生根据这个话题进行观点阐述，然后博主对学生的观点进行分类和总结。

（六）整合资源，开展德育教师团队思政微博建设

当前来看，大多数的思政微博都是个人开设的。但是，由于个人在时间、精力、能力以及学科背景等多方面的限制，使得不少思政微博的德育载体效能未能得到充分发挥。因此，可以由大学生思想政治教育工作者组成一个团队来进行思政微博建设，整合思想政治理论课教师和辅导员资源，把多位思想政治教育教师整合在一起，共同建立和维护思政微博。这种模式既可由思想政治理论课教师之间、辅导员之间，也可以是思想政治理论课教师与辅导员之间的人员整合。使得思政微博在管理上由一人变为多人共同管理，从而有效改善大学生思想政治教育微博效能不足的问题。开展大学生思想政治教育教师团队思政微博建设，一是可以较好地发挥大学生思想政治教育主体合力育人的作用。大学生思想政治教育教师团队开设思政微博，可以集优势力量，从更广的角度和更宽的范围对学生进行大学生思想政治教育，形成合力育人的场效应。当这种场效应通过思政微博传递给学生时，能传递更多的大学生思想政治教育信息，对学生具有多方位的引导，从而有效提升了

大学生思想政治教育教师思政微博的载体效能。二是大学生思想政治教育教师团队的人员结构要安排合理。可以由具有不同的学科背景和不同的年龄结构。这种人员结构可以使思政微博的博主之间取长补短、优势互补。比如，弥补一些大学生思想政治教育教师，特别是年长的大学生思想政治教育教师运用网络技术不足的欠缺。同时这种组合也有助于提升思政微博中博文的思想性和针对性，使博文质量得到提升。同时，多位大学生思想政治教育教师共同维护微博也有助于扩大教师与学生的互动频率，对发挥思政微博的大学生思想政治教育载体效能有极大益处。

（七）加强维护，持久保持思政微博吸引力

大学生思想政治教育工作者要有一个明确的认识：高校思政微博不是一经建立就可以一劳永逸的资料库，需要对它不断地进行维护。维护思政微博的一个重要手段就是要不断更新思政微博，在思政微博中不断增加思政博文，这既是思政微博的魅力所在，也是确保思政微博生命力的必备要件。只有不断更新思政微博，才能充分体现出其思想政治教育的载体效能。再优秀的思政博文，其教育作用也是有限的。思政微博如果不能及时更新内容，一方面，其教育信息容量就无法增加；另一方面，原来的思政博文对大学生的影响力度也会随时间的推移而减弱。大学生思想政治教育工作者只有经常更新思政微博，才能克服以上弊端。

大学生思想政治教育工作者在更新微博时要尽量多发表原创博文，这是保持思政微博有效运行的重要条件。如果博主在运营微博的过程中转帖的数量过多，就很难形成自己的风格，不利于稳定读者群的形成。这主要是因为读者进入大学生思想政治教育工作者的思政微博，是希望听到博主的独特心声。而转帖过多的思政微博无法充分反映博主的心声，时间长的话就会降低对读者的吸引力。博主在运营微博的过程中要多发原创性的文章。在内容上，博文要具有独创性，要有思想、有见地。

第三节　发挥网络舆论领袖的作用

网络热点对于当前现实生活的影响越来越多，网络舆论领袖对舆论的影响也越来越大，甚至有时候比主流媒体的影响力还要大。网络领袖的突起，打破了以往由政府和官方媒体主导社会舆论的格局，人们的思想观念受到了巨大的冲击和改变，对社会生活、网络政治的发展也有巨大影响。大学生作为网络受众群体之一，其思想更容易受到网络舆论领

袖的影响，因此，在大学生思想政治教育中，要充分发挥网络舆论领袖的重要作用。

一、网络舆论领袖的内涵及特征

网络舆论领袖就是指以便捷的网络社群为平台，以宽松的网络环境为保障，以新型的人际网络传播为纽带，就社会凸显的基本问题发表意见，为随时发生的重大事件和网络事件提供信息，发表观点或建议，在"众声喧哗"中脱颖而出，对网民施加影响，在网络关系中占据中心位置的人物或群体。当前来看，网络舆论领袖发挥的作用越来越大，已经发展为一种显性的网络力量。

高校论坛中网络舆论领袖的的特征表现为以下几个方面：

（一）舆论领袖具有草根性，与一般受众平等

在高校论坛中学生由于是匿名的，身份具有虚拟的特点，因此，学生之间的身份差异会被打破，学生在论坛中，身份是平等的，具有平等的话语权。在论坛中，每个学生都既是信息的接受者传播者，也是信息的发布者。网络舆论领袖在这个过程中，与一般的受众是平等的，有可能一个帖子就可以造就一名舆论领袖。

（二）舆论领袖在传播环节中比较活跃，具有较强的分享意识

与传统的传播方式如人际传播和组织传播来比较，而网络传播在形式表现上比较松散，由于在网络上，受众群体不具有固定性，舆论领袖通常具有暂时性。有些强有力的舆论领袖之所以具有较为固定的地位，主要是因为他们有较强的分享意识，乐于将自己的信息和资源与大家共享。

（三）舆论领袖具有较好的文字水平和专业知识

舆论领袖通常文字水平和专业知识都比较高，在进行立论和驳论的时候语言精练、优美、新颖且具有说服性。在一些专业问题上，舆论领袖的专业素养比较高，专业知识和一般的学生比较起来要更多，这使得舆论领袖容易受到学生的追捧，从而在帖子中起到设置议程、引导舆论的作用。

（四）舆论领袖的社交能力和网络传播能力较强，充当信息把关人的角色

传统"把关人"角色在以信息自由为核心特征的互联网上受到了严重的冲击和挑战，起到的作用基本相当于无。有时，在信息传播的过程中网络舆论领袖可以发挥中介或过滤的作用，上连传媒，下接受众，扮演着其他受众的信息来源和领导者的角色。

二、网络舆论领袖的作用

（一）网络舆论领袖的作用表现

1. 树立正确观点，引导和谐舆论

舆论领袖是网络意见的代表，将各种观点经过加工处理形成最初的意见传播给大众。因此，在意见形成和传播过程中需要舆论领袖有正确的认识，高度的责任心和正义感。一个具有高质量的意见能够被更多的大众接受和理解，有助于大众对网络事件进行正确的解读，从而可以避免许多误会和一些不必要的麻烦。舆论领袖作为信息中介者，要直接实反映事实情况，这样才能得到大众的支持和认可，促进网络和谐发展，进而促进社会和谐发展。

2. 重视舆论领袖，凝聚网民力量

作为舆论领袖，其意见不仅是属于"领袖"个人，也是广大网民的观点的反映。因此，要高度重视舆论领袖的观点。由于舆论领袖在网络论坛中占有重要地位，因此，在进行信息传播时，要对其背后的广大网民进行充分的考虑。同时，也要鼓励多元舆论领袖的形成的发展，在这个信息爆炸的时代，只有听见多方面的意见和声音，才能对事情有一个全面的了解。要凝聚网民的力量，借助媒体发出声音。

3. 打破传统方式，促进言论自由

在网络中交流是和日常不同的，日常中既通过语言，也通过表情、眼神和动作来传递信息，而在网络中多是通过文字来进行交流，个人的心理状态如何通常文字不能表现出来，再加上受到的教育和个人素质的差异，使得各人的表达在方式和内容上都很不相同。因此，在网络论坛中要打破传统交流的惯性，在网络中让言论得到自由表达。网络舆论领袖要代表网民发声。

4. 搭建信息平台，发挥网络功能

网络社区的发言相对来说比较自由，网民可以在其中充分发表自己的观点和想法。但由于网络的匿名性，使得一些不和谐的因素也会存在。这就需要搭建一个相对和谐的信息平台，尽可能减少不相关因素的干扰，使网络空间保持有序干净，便于网民表达意见。舆论领袖要综合利用起网络平台，更快捷、有效地形成被网民认可支持的意见也是十分必要的。只有如此，才能使得网络的功能在最大程度上得到发挥。

（二）网络舆论领袖的引导与作用

与论坛里的网络舆论领袖保持有效的沟通，且要适时地对网络舆论领袖进行引导，使其有正确的责任担当意识，在危机频发的互联网时代，是一个行之有效的与网民沟通的互动途径。这对于建设和谐的高校网络论坛有重要的作用，有助于促进高校学生身心健康，可通过以下方面入手来充分发挥舆论领袖的作用。

1. 发挥网络舆论领袖的引导作用，打造校园网络舆论的主阵地

对于一个高校的论坛来说，高校网络社群中的舆论领袖是否活跃有着重要的作用。如果高校论坛中没有一个舆论领袖来引领，就会变得没有活力、杂乱无序，可以说称不上一个真正的论坛。在高校中，通常来看，舆论领袖具有知识面较广，新闻与时事感敏锐，思考问题方式独特，文笔犀利有感染力等特点。舆论领袖通过对各类校内外新闻事件、奇闻轶事、成长感悟等大学生普遍关心问题进行观察总结，然后通过与梳理，做成综合性的文本展现在论坛当中的特定板块内，向论坛成员表达自己的观点和意见。由于舆论领袖的观点在论坛内更容易被成员接受，其效果要比其他的传播手段（如官方的站内公告及新闻通报等）效果要好。

对于网络舆论领袖的重要作用高校应充分重视起来，在论坛建设中要积极鼓励论坛中的各类舆论领袖发挥自身优势，要充分利用好网络舆论领袖的传播优势。当前来看，有许多高校只是在校园网上发布一些校园新闻和学校的最新文件与通知，但这种网页布告由于无法实现传播者与受众双方的沟通交流，信息只是单向传播，加上由于大学生用即时通信工具比较多，很少有学生每天固定登录学校主页，因此学生关于学校最新动态关注得比较少。为了打造好学校的校园舆论，在校园论坛中可以打造"权威发布"和"政策文件大家谈"等板块，使学校主动参与校园论坛的内容更新和建设，这样的话，学校就率先启用了议程设置功能，网络舆论领袖可以以此发表自己的观点和想法，带动其他成员来对相关内容进行关注，从而实现校园主流声音的传播。

2. 创新高校论坛的监督管理方式，共创健康和谐的校园网络环境

网络论坛的开放性和匿名性，使得很多网络社群成员发表一些平时在真实世界不敢说的想法，有些内容可能会与和谐健康的校园网络舆论环境相悖，比如，一些负面心理情绪、各类蛊惑人心谣言的传播甚至是淫秽色情或暴力信息等。出现这种情况的话，只靠网络舆论领袖的呼吁起到的作用很有限，这就需要高校加强并改进创新对论坛的监督和管理。

当前现实中，高校在出现不良信息进通常都直接采用"封 ID／IP"手段进行解决，这种方式比较极端，虽然短时间内可以起到一些作用，校园环境可以得到净化，但是从根本上说还是解决不了问题。由传播学中"沉默的螺旋"理论可知，当人群中有两种不同观点在传播时，会强者恒强，弱者则越弱。因此，要充分发挥网络舆论领袖的号召力，利用网络舆论领袖的这种优势来促进和谐文明的校园网络秩序建设。对于一些不良信息的帖子和内容，可以由网络舆论领袖发帖子来督促其改正，在强大的舆论压力下会促使发帖者及不良信息的追随者形成"沉默螺旋"，主动删除违规信息并道歉。当然，对于一些有错不改的发帖者学校有权力采取一些严厉的管理措施进行处理。

3. 提升校园网络舆情监测与研究水平，为维护校园网络的健康环境提供技术支持

网络通信技术的快速发展为大学生的交流既带来了便利，扩大了大学生的视野，但与此同时，使得网络舆情的检测和研究的挑战也大大增加，因此，高校要提升这方面的水平，给校园网络的安全健康发展提供强有力的支持。可从以下几方面入手：一是由传统的论坛管理员和网络管理员对帖子进行人工审查；二是高校可以利用关键词智能型过滤软件系统及异常流量监测系统对校园网络舆情等情况进行监督，如果出现负面消息要及时清进。三是定期对网络舆情信息情况进行汇总，对于舆情要及时掌握从而在发生异常情况时可以及时采取有效措施。

第八章

利用即时通信技术拓展大学生思想教育新载体

当前即时通信已经成为我们生活中信息沟通的一个重要渠道。人们已经习惯于使用QQ、微信这种渠道进行办公和社交活动。即时通信工具中的功能对我们的生活已经产生了极大程度地影响。在微文化时代，大学生思想政治教育工作者要认识到微文化传播平台对思想政治教育的影响，充分利用这一方式作为高校思想政治教育的补充。

第一节　即时通信的内涵

当前最为流行的几种即时通信工具主要有 QQ、微信等。这些工具都融合了十分方便的功能，在文件传输、语音文字交流和图片发送等方面都非常方便。这些丰富的功能吸引了广大在校大学生。

一、即时通信工具概述

（一）即时通信工具的产生与发展

即时通信是一种以软件执行为主题的通信手段，能够进行多媒体沟通。丰富的功能为即时通信工具的产生与发展带来了大量的客户。随着中国互联网的蓬勃发展，即时通信工具的种类越来越多，功能也越来越丰富。中国最早的互联网通信工具的开发商便是1998 年 11 月成立的腾讯公司。

在世界范围内，即时通信工具的发展经历了三个阶段。20 世纪 70 年代早期是即时通信工具发展的早期。此期间的即时通信手段是指柏拉图系统。在 20 世纪 80 年代。基于Linux 操作系统的即时通信手段已经被广泛应用于工程师与学术界。在 20 世纪末期的 ICQ

软件则是即时通信工具大获发展的一个重要代表。在此期间 ICQ 是全球聊天软件市场占有率最高的一个，其注册用户已经过数亿，遍布全球各个角落，现在全世界范围内仍旧有一定的影响力。

当前，即时通信工具随着网络的发展，已经从过去的电脑网络发展至现在的移动网络。人们只要在自己的手机上下载一个 APP 软件，就可以通过即时通信工具随时随地进行交流。当前我国即时通信领域已经逐渐形成了"一霸多强"的竞争格局。所谓"一霸"是指腾讯公司。腾讯公司推出的 QQ 和微信这两款即时通信工具长期占据电脑网络和移动网络上的下载榜首。而"多强"是指当前互联网领域的诸强。即时通信工具开发难度不大，很多家互联网公司都有能力开发即时通信工具，而且也能够实现多项功能的融合。

（二）即时通信工具的内涵

即时通信工具是一种终端服务。可以实现多人间的网络文字、文档、语音、视频等方式的交流。当前国内主要的及时通信工具主要有 QQ、微信、阿里旺旺等，国际上则主要有谷歌上线的 Allo。国际互联网商务的飞速发展推动了即时通信的发展。借助于即时通信工具，买卖双方可以进行多样化的产品展示，有效地提升了人们沟通的效率，也促进了即时通信工具的发展。

二、即时通信工具在大学生思想政治教育中的应用

通信工具在高校思想政治教育中的应用极大程度上提升了高校思想政治教育的效率，为高校思想政治教育借助于通信手段提高实效性的发展起到了巨大的作用。

（一）即时通信工具在大学生思想政治教育中使用的优势

1. 自由、开放，互动性强

即时通信工具中多样化功能的融入为高校思想政治教育的发展带来非常多的便利。借助即时通信工具，教师就可以开展多种多样的教学活动，从而推动搞笑思想政治教育的发展。对于大学生来说，即时通信工具的应用可以帮助大学生以更加自由的形式实现思想政治教育的学习。大学生可以通过即时工具在课堂上上课，也可以借助即时通信工具同教师展开讨论，还可以利用网络工具查找相关资料，将其通过即时通信工具进行传播，使问题的讨论更加深入。即时通信工具中的状态记录工具可以记录大学生接受高校思想政治教育的心路历程。这种方式有助于高校思想政治教育将理论和实践结合起来。

2. 即时、渗透，实效性强

即时通信工具的最大特点就是即时性。即时通信工具能够以最快的方式将思想政治教育中的亮点和思想发布出来。用户在他登录到即时通信工具之上时，就可以接收到这些亮点和思想。即时在用户没有登录的情况下，即时通信工具的推送功能也能够提醒大学生即时去了解这些亮点与思想。通过即时通信的方式可以不断地渗透思想政治教育的主题，大学生在潜移默化过程中就掌握了思想政治教育的核心内容，具有很强的时效性。

3. 匿名、平等，可信度强

思想政治教育与其他的课程不同，其重点不在于知识的掌握，而在于思想上的认识。而人的思想是发展了的、成型的、成熟的、显性的人格表现。在教学过程中，教师需要不断地去贯彻政治教育的思想。教师必须要做两方面的工作，一是了解大学生的基本情况；二是制定一定的教育方案满足大学生的思想需求。而即时通信工具则完全满足了教师这些要求。借助即时通信工具的交流可以匿名实现。所有的用户之间是平等的，他们可以以一种不同于课堂教学的方式真正做到畅所欲言。这一点对于教师了解学生的状况来说是有帮助的。教师在思想上和知识上仍旧是信息丰富的一方。通过匿名平等的交流方式，教师在无形中就做到了可信力提升。教师的观念更容易获得用户的认同。

4. 针对、整合，长效性久

当前，在互联网信息交流的过程中，用户希望能够在最短的时间内获得最为丰富的信息。因此，不断实现互联网业务整合已经成为未来即时通信领域发展的必然趋势。对于思想政治教育来说，即时通信的整合十分有助于高校思想政治教育的开展。高校思想政治教育实效性的提升关键是产生一种信服力，能够让大学生接受教师的观点。整合的资源能够帮助高校思想政治教育内容展开不断地证明。通过教师的有效引导，这个证明过程的可信力就会不断提升。

（二）即时通信技术给高校思想政治教育工作带来的机遇

1. 推动教学双方的有效沟通

在当代大学生群体中，即时通信工具已经成为交流的主流手段。大部分拥有电脑终端和移动终端的大学生来说，他们可以在第一时间将接受信息和发送信息。他们休闲的时间在这种技术手段的作用下也可以成为大学生的学习实践。

这种技术手段也避免了大学生与教师之间的面对面交流，避免了因为观点争锋而造成的两者之间的尴尬，从而有助于两者实现真正意义上的思想和感情交流。因此，也可以认为，网络即时通信工具为师生之间的交流提供了一个最佳的平台，一方面帮助教师了解大学生；另一方面也帮助大学生学到真知。因此，从两方面入手，即时通信工具对高校思想政治教育效率的提升来说具有十分重要的作用。

2. 对大学生开展自我教育有帮助作用

自我教育顾名思义也就是自己教育自己，也就是通常意义上的自学。作为一种特殊的媒介，网络即时通信工具不仅链接了大学生和教师，还连接了广泛的互联网资源。有一部分网络即时通信工具还可以将互联网链接融入进来，从而帮助大学生针对问题主动进行知识搜索，对于大学生促进知识思考和分析具有十分积极的作用。教师与学生之间的沟通能够引导大学生通过这个窗口循着一定的方向去探索思想观念的发展，使知识的认识更加深刻，从而有助于大学生思想政治教育的内容做到入耳、入脑、入心。

3. 有利于提高思想政治教育质量

高校思想政治教育在本质上是需要一个不断与时俱进发函的学科。在这一点上，积极引入即时通信工具作为一种媒介，将是迎合时代发展的一种表现。对于大学生来说，借助即时通信工具，高校思想政治教育也更加容易介入到大学生群体之中，加大高校思想政治教育内容在大学生中间的影响力。网络即时通信工具作为一种全新的教育手段，彼此匿名平等的沟通也有利于教师和大学生之间感情的建立，从而帮助教师提升大学生思想政治教育的质量。

4. 有利于高校实现复合人才培养的目标

社会在不断发展。对于大学生来说，要从中等教育的合格毕业生转化成为一个合格的社会人才来说，压力则在不断变大。他们不仅学业压力较大，就业压力也在不断变大。他们为了自己的前程，需要在教师、社团、兼职之间来回奔走，这里还且不说他们的感情生活。因此，当代大学生较以往的学生来说，他们的时间被不断地挤压着。在这种情况下，大学生对于政策的学习往往不够及时，既是学习了，了解程度上也相对简单，不够深入，甚至也容易因为情绪的原因受到一些负面宣传的影响。借助即时通信工具在教师、网络和大学生之间的关联作用，教师可以及时向大学生发布一些关键信息，节省他们学习政策的时间。通过生动活泼的分析，教师也能够利用一些喜闻乐见的形式提升大学生学习的效率。

网络即时通信工具的普及也对大学生之间的沟通交流带来了一定的便利。在一个平等的交流环境下，不同专业和不同背景的大学生可以实现自如平等的交流。彼此之间的交流能够使大学生在生理和心理、情感与意志等方面得到协调发展，形成积极向上的健全人格与性格。

另外，在国家鼓励大学生自主创业的背景下，网络即时通信工具的发展为大学生的创业计划添了一个重要的助力。大学生的大多数是缺乏经济来源的。他们支付不起高昂的推广费用，多数情况下只能让自己的商业计划搁浅。而通信工具出现以后，低成本的推广模式可以开展起来。创业学生只需要通过即时通信工具便可以实现信息的推广。在这种模式之下，产品和创业项目也能够走向市场。因此，对于创业大学生来说，即时通信工具有一定的浮华作用。

最后，对于一些优秀大学生的事迹传播来说，即时通信工具也能起到助力作用。即时通信工具用户的广泛性，传播的便捷性，有助于优秀大学生事迹的传播。

三、即时通信媒体思想政治教育的发展预测

（一）即时通信媒体思想政治教育之中的问题预测

1. 学生工作中存在的问题预测

学生工作中的问题预测主要是针对学生的思想问题和管理中的意外事件进行预防。问题预测的大致步骤是目标→资料收集→环境分析→寻找方法。确定目标要和高校思想政治教育目标结合起来，应尽可能具体、清晰，通过预测主体和预测客体之间的认识建立起一定的关系。完整的预测目标应符合三个方面的标准，也就是定性、定量、定时，可以是学生工作在一定时期在一个确定方向上要达到什么程度。目标可大可小，一般来说可以根据实际情况予以确定。在收集资料的过程中，一般来说是从目标出发，通过各种形式的调查，大量手机相关的一手资料了解现状，做出合理预估。在熟悉环境的过程，广大高校思想政治教育工作者应积极依据收集的资料，了解其中存在的问题以及影响因素，提前预测其发展趋势。最后，要找到适当的预测方法，及时将预测结果进行反馈与检验。

学生工作本身就存在一定的复杂性。人的思想和行为总是在内因和外因的影响容易出现复杂和多变的发展状态，使我们不可能完全准确把握学生工作发展的趋势。但是，作为高校思想政治教育工作的一个组成部分，这一部分工作不能放弃，必须要在动态变化中不断修正与接近，使预测工作的准确度更高。

2. 即时通信工具存在的弊端

最近几年的发展表明，即时通信工具正在悄悄发生着变化。电脑网络中存在的黄、赌、毒现象也正在移动网络中流动。即时通信工具平台也开始逐渐变得鱼龙混杂。大学生一旦加了错误的好友，就有可能受到浑浊文化思想的污染。所以，对于这种即时通信工

具，教师不能给予简单的肯定或者否定，必须辩证的分析，凭借对通信媒体中存在问题的预测，准确看待未来的发展趋势，及时采取相关的措施，给予必要的回击。在这个问题上，教师应该坚信即时通信工具对于思想政治教育的巨大作用。一旦放弃这个领域，学生则更加有可能受到外来思想的污染。因此，广大高校思想政治教育工作者要坚定这方面的认识，合理预测问题，科学设置对策，积极发挥即时通信工具在思想引领方面的正能量。

（二）即时通信工具思想政治教育对策导航

在新媒体普及之前，青年学生大多通过报纸、广播、电视等传统媒体获得外部信息，覆盖面较为狭窄而且时效性较差。同样，对于大学生的沟通来说，很多学生也多是用固定电话交流，花费高昂不说，还容易受时间的影响。时代发展到今天，新媒体为大学生发展带来了巨大的变化。大学生能够借助互联网新媒体获得更多的知识，自己在知识和意识上存在爆炸式的发展，超出了多数高校思想政治教育工作者的认识。随着信息技术在全球的推广，以信息技术为中心的技术革命已经深入到社会的各个层面，逐渐改变着人们的生存方式。网络新媒体已经作为一把双刃剑影响到人们的思维习惯于交流方式，对社会和教育都产生了一定程度的影响。因此，作为高校思想政治教育工作者来说，必须要加强以下这几个方面的工作。

1. 加强即时通信媒体的专业性与安全性建设

随着当前即时通信媒体的大众化和娱乐化发展，一般意义上的通信工具在专业服务上已经无法满足人们的需求。针对各个群体的专业即时通信媒体建设已经成为这个行业的发展主流。对于高校思想政治教育来说，建立一个实名认证的即时通信媒体已经成为当前高校思想政治教育发展的必然要求。通过这个媒体，高校能够融入一些课程资源，更好地解决即时通信媒体应用在大学生思想政治教育工作中的问题。在建设高校思想政治教育即时通信媒体的时候，高校要注意到即时通信媒体的安全性。在这一点上，高校要联合即时通信媒体的开发商做好安全性监管的工作。

2. 提高大学生通信素养教育，形成良好的通信秩序

相对于中等教育阶段来说，在高等教育阶段，学生是相对自由的。学生远离故乡去求学，会摆脱了父母的管束。自我教育的增加，学生的作业负担会减轻。辅导制的使用，学生不会受到来自班主任的各方面管制。这种状态对于习惯于高负担、高管束的新生来说可能会一下子不适应。他们有可能会将大部分精力用在玩游戏、聊天之中，在娱乐中声色犬马、醉生梦死。在即时通信媒体这一端，一些不良信息也开始充斥。色情、暴力、赌博等信息充斥于即时通信平台之中。在沉迷即时通信媒体的大学生来说，他们很有可能会受

到这些负面信息的影响，危害其人生观的正常发展。针对这种状况，高校思想政治教育工作者要采取及时的措施，同大学生进行沟通，必要时进行心理辅导，引导大学生朝着正确的使用习惯不断发展。

3. 不断扩大网络舆论的监测面，及时维护 QQ 群信息的健康

目前 QQ 群中涉及的广告、虚假信息、违规商业活动、传销、诈骗、极端思想渗透已露出了端倪，以往依靠 QQ 群管理员发现一例清理一例已经无法及时维护即时通信的健康环境。为此，我们应当加强对网络即时通信工具的监管，进一步规范文明通信环境。网络即时通信工具是信息时代舆情监测的重点：首先，网络即时通信新媒体具有强大的传播能力，必须纳入舆情监测的视野；其次，网络即时通信工具舆情监测必须研究透彻，并且对即时通信工具的新兴功能及时把握；最后，网络即时通信工具常常出现复杂舆情，必须重点监测。

QQ 即时通信工具已经融入社会生活的各个层面，全民网络时代已经到来，引领导航起着方向标的作用，必须常抓不懈。

第二节 利用 QQ 开展大学生思想政治教育

QQ 是即时通信工具的典型代表，并且在大学期间，大学生对于 QQ 的使用率更高。借助 QQ 说明即时通信工具在大学生思想政治教育中的应用具有一定的典型性意义。QQ 的功能比较全面，更新频率也比较高。对于大学生思想政治教育来说，QQ 的作用也比较突出。

另外，广大高校思想政治教育工作者也要注意到，QQ 只是一个平台，一个工具，其作用的发挥还要依靠思想政治教育工作者自身的努力和创新。因此，利用即时通信工具开展针对大学生的思想政治教育工作，根本上还是要发挥高校思想政治教育工作者自身的积极性和主动性。

一、QQ 作为大学生思想政治教育平台的重要特征

（一）平等与差等共存性

QQ 平台是一个平等与差等共存的信息交流平台。QQ 平台首先是一个平等共存的平台。

这个平台上用户可以自由发表言论，自如展开讨论。所有的用户在观点表达上都是自由和平等。QQ平台也是一个差等传播的平台。QQ平台为其用户开通了不同的身份。这些身份表明了他们拥有不同的特权。在这些特权的基础上，用户的发言可以有不同的装饰，吸引其他用户的眼球，提高传播的效率。

从这一点出发，高校思想政治教育工作可以采取特定的策略达到吸引大学生的目的。

首先，高校思想政治教育工作应从内容做起，依靠内容的合理性和思想性引起大学生的思考。思想政治教育工作本质还是思想工作，思想工作的体现载体就是文字。优秀的文字内容能够使思想传播的效率更高，也更加容易获得大学生的认同。

其次，高校思想政治教育工作可以考虑开启VIP用户特权，借助平台的力量提高思想传播的效率。QQ平台功能产生的效用是有目共睹的。高校思想政治教育工作者可以有效利用这一点，提升大学生思想政治教育信息传播的效率。

（二）交互性与主体性并存

QQ平台信息沟通的交互性是指思想政治教育主体利用QQ平台在思想政治教育过程中能够形成思想政治信息、知识和情感之间的互动关系。通过QQ平台，大学生思想政治教育过程可以更加具有交互性，打破教育主体和客体长久以来形成的固化关系，将被动教育转化成为互动教育、主动教育，通过文字、图片与声音等方式，实现双方沟通形式更加多样化，同时也使得问题的解决更加自如、更加深刻。

QQ平台中的交互性并不是忽视了教育中的主体性。一部分即时通信媒体上存在公众号的功能，这个方面的功能帮助大学生思想政治教育确立即时通信媒体上的主体性。其实在QQ上也是存在的。传播总是具备一定的发起者。作为教育者，高校思想政治教育工作完全可以作为第一发起者，通过与大学生的深入探讨实现高校思想政治教育活动的目标。

（三）即时性

只要QQ用户处于在线状态，他就可以收发信息，进行相互交流。这个过程不考虑任何场景，只考虑信息沟通的内容。不论是上班、下班，课上、课下，教师都可以通过QQ与大学生展开交流。而且QQ还有信息存储的功能，所要上传下载的文件QQ也会为客户保存7天。这一点有效为客户避免了因为时间、场合不对而造成的交流局限性。QQ平台的即时性，在这一点上做到了大学生思想政治教育时效性的提高。

（四）隐匿性

QQ用户的身份是可以进行装饰的。每一个用户在申请自己账号的时候都可以确定一个自己喜欢的名字，同时也可以用一些符号进行装饰，吸引人的眼球。而在 QQ 群交流中，在群主的管理之下，群成员可以是实名，也可以是网名，还可以是匿名。

QQ 平台中的群管理功能为当代高校思想政治教育的开展提供了重要的辅助作用。教师可以作为管理者要求入群的大学生实名制，并且在必要的时候开启匿名讨论功能，进行自如和真实的信息管理。

（五）共享性与私隐性

QQ 平台上的资源可以通过共享的方式实现指定成员信息共享。凡是在 QQ 共享范围内的成员都可以实现 QQ 信息的学习、生活与娱乐方面的共享。请注意，这里是指定成员。QQ 设计了一些功能，用户可以只允许一部分客户共享信息，没有授权的用户则不能阅读信息。这其实给用户提供了一个安全而且稳定的环境，使得用户可以尽情交流。

有些用户在思想政治教育工作者的 QQ 上发布一些其他成员都会接收到的信息。这些信息对于所有的成员来说都是能够看到的。这些信息相对来说就能够实现自传播。每一个用户都可以是信息的传播者，他们会将这些信息传播至整个网络范围内。

二、QQ 平台作为大学生思想政治教育载体的优势

（一）QQ 平台在大学生中有一定的广泛性

根据网络上公布的调查问卷，在大学生群体中，QQ 的使用率很高。调查显示，大约有 97.1% 的大学生会使用 QQ 平台进行沟通。因为 QQ 平台融合的功能有很多，在 QQ 平台上大学生不仅可以实现沟通，还可以进行休闲娱乐。相对来说，其他平台则很少在沟通之外满足大学生的需求。因此，在大学生群体中这些软件的使用率则较少。

QQ 平台上还融合了群体沟通的功能。在调查对象中间，有约 98% 的大学生表示班级开通了 QQ 群，一些重大事件可以通过 QQ 群及时通知班级成员。基于以上两个方面的因素，至少有 70% 的同学会每天在线 1 小时以上。所有这些使得利用 QQ 平台开展大学生思想政治教育有了时间上和对象上的保证。QQ 平台进行大学生思想政治教育就有了一定的便利条件。

（二）QQ 平台的平等性有利于师生进行沟通交流

调查发现，大学生使用 QQ 平台的目的大多是为了沟通与交流。QQ 是一个平等沟通的工具。只要在线，大学生就能够实现两者的实时沟通。在离线的情况下，大学生也能够

通过离线留言的形式实现双方沟通。班级开通的 QQ 群上还有公告和文件发布的功能。一些重要的班级通知可以通过群公告的形式及时通知向班级成员。QQ 平台中的表情功能也能增加班级成员之间沟通的趣味性，使得沟通的内容更加容易为大学生所接受。

基于以上这些原因，大学生对于 QQ 群也比较认同。相对来说，大学生群体中有62.9% 的人认为班级有必要开通一个 QQ 群，对于班级和大学生之间的沟通来说将会比较有利。

（三）QQ 平台的即时性有利于把握大学生思想动态

以前，大学生思想政治教育工作者想要了解大学生的思想动态，往往需要通过点对点或者点对面的当面沟通与交流。在这种沟通中，教育者和大学生会被自己的角色所束缚。教育者想要更具自己的工作情况全面了解大学生的思想动态，而大学生则会根据自己的角色不完全向教育者吐露自己的思想状况。而借助于 QQ 平台这种可以匿名的沟通工具，大学生可以自如地发表自己的看法，轻松地展开问题讨论。

在 QQ 上，教育者也可以不和大学生沟通就能够了解到大学生的思想状态。其方法就是观察大学生的日志和签名。QQ 平台上有 QQ 空间和个人签名。这两个功能能够了解到学生的真实想法和思想动态，使思想政治教育更具主动性和预见性。调查数据显示，约有87.3% 的大学生愿意通过 QQ 签名和 QQ 日志表达自己的心情。这说明 QQ 签名和 QQ 日志也是大学生思想政治教育工作者了解大学生思想动态的一个方面。有一个案例可以对这个方面做出相关说明。有一个辅导员通过班级学生的 QQ 签名了解到大学生对奖学金发放的抱怨。在了解到这个方面以后，辅导员经过一番思考，认为学生的理解有一定的合理性，便在 QQ 群众发起了讨论。在讨论过程中，学生们普遍反映奖学金发放过程中存在漏洞。随后，辅导员认真审查了学生们提供的各项资料，便重新确定了奖学金获奖名单，同学们表示都接受。这个案例实际说明，思想政治教育工作者通过 QQ 平台可以了解到大学生的想法，并借此开展工作。

（四）QQ 平台的交互性有利于大学生心理问题的疏导

大学生面临来自各个方面的压力越来越大，学习和就业的压力以及情感方面的纠葛使得大学生经常变得心事重重，思想政治教育工作者必须及时发现这种心理倾向并且加以引导。通过调查发现，至少有 90% 左右的大学生遇到过心理问题或者困惑。这说明，大学生遇到心理问题是一种正常现象，只要进行有效疏导就可以实现排解。大学生排解心理问题的方式中，约有 31.4% 的学生表示可以通过电话求助亲友或者辅导员，有 21.9% 的学生表示则会通过短信求助亲友或者辅导员，而有 46.7% 的大学生则表示会通过 QQ 平台作为求助方式同辅导员和亲友沟通。这些数据对比显示，QQ 平台在增强沟通方面有着重要的地位。

三、充分利用 QQ 平台加强大学生思想政治教育

大学生思想政治教育的实施受到很多因素的影响，但是关键还是在人。思想政治教育工作者作为思想政治教育的主体是思想政治教育工作开展的组织者与实施者，对思想政治教育的开展起到了关键的作用。教育主体在某一事件上的态度往往是影响教育对象的关键变量。借助 QQ 平台这一载体，教育工作者必须要充分利用 QQ 平台的多维功能，提升其在大学生思想政治教育工作中的组织作用，通过多种渠道实现大学生与思想政治教育者之间的沟通。

（一）重视 QQ 平台在大学生思想政治教育中的作用

大学生正处于青年时期，对于新鲜事物来说比较容易接受，新知识的学习也比较容易。他们往往能够在较短的时间内接受很多东西，熟练掌握各种技能。作为思想政治教育主体的教师必须要能够跟上大学生的这一步伐，主动接触新鲜事物，而 QQ 平台则是其中的一个重要方面。

对于 QQ 平台，思想政治教育教师不要产生抵触情绪，应该积极去了解其中的功能，探索其与思想政治教育、与本校工作结合的可能性。对于这个方面，教育者要重视起来，认真学习互联网知识，了解 QQ 的功能，借鉴他校的经验将其融合起来。思想政治教育工作者可以考虑如何充分发挥 QQ 在高校思想政治教育工作中的强大功能，使大学生的思想在潜移默化的过程中得到改变，最终树立正确的人生观与世界观。

鉴于 QQ 平台在大学生群体之中的广泛使用，广大教育工作者也要融入这个平台之中，从中寻找到帮助大学生解决思想问题的方式。

（二）提高利用 QQ 平台进行大学生思想政治教育的能力

思想政治教育工作者素质是影响使用任何一个平台或者工具效果的直接原因。随着网络技术的发展，高校思想政治教育工作者的素质要求足越来越高。高校思想政治教育工作者不仅仅需要有良好的思想素质、道德素质、知识素质和身心素质，还应掌握一定的网络技术，能够运用多种网络技术开展工作。教育者必须要能够通过学习，掌握适合当代社

会发展要求的网络技术。这一点上，教育者可以通过探索发现这种学习方式实现。

在 QQ 平台方面，教育者要学会使用 QQ 平台上的各项功能，挑选出能够承载思想政治教育信息的功能进行使用。QQ 功能还在不断升级，在这种条件下，高校思想政治教育工作者要能够及时跟进，跟同事一起探讨掌握新的功能，不断提升高校思想政治教育与QQ 平台结合的能力。

（三）构建 QQ 群丰富思想政治教育载体

QQ 群是 QQ 平台的一个重要功能。很多 QQ 用户都可以构建一到两个群。构建者可以作为 QQ 群主展开对群成员的管理。一般情况下，群主可以选择十个成员管理 QQ 群。普通群成员的上线是 500 人，已经完全能够满足普通高校班级沟通的需要。QQ 群的功能非常强大，影响范围也非常广泛，可以非常方便地进行使用。当前 QQ 群已经包含了投票、作业、视频、等多项功能，对于满足大学生之间的正常交流来说完全是足够的。

群的主要功能是沟通。所有成员都能够通过 QQ 群实现沟通。群公告是群管理者发布自己信息的地方，可以显示在右边的群通知中。群成员进入到群沟通的界面以后就能够了解到群通知的内容。群相册是群内成员信息分享的一个方式，可以分享自己的照片给其他的群成员，预示着群成员的发展。群文件则是一些重要文件的发布区域。在这个区域，群管理者可以发布一些群规、奖学金评选办法、重要就业信息等对群成员有一定意义的文件。群活动则是号召群成员开展活动的一个方式。群通知下方还有一些群应用，可以进行其他方面的管理活动。消息记录则是帮助群成员快速记录相关消息的一个重要方式。消息主要储存在电脑的 QQ 文件之中。

QQ 群还有其他一些很重要的功能，高校思想政治教育工作者可以积极进行探索，结合大学生的实际情况开展工作。

四、利用 QQ 平台开展思想政治教育的经验研究

（一）经验概述

燕山大学马克思主义学院已经多次成功举办"红色旋律"系列活动。作为极具特色的一项校园文化建设项目，"红色旋律"活动在弘扬主旋律、宣传中国特色社会主义理论体系、推进社会主义核心价值观教育方面取得了明显成效。红色旋律模式在工作开展过程中除了延续传统面对面讲座的模式，开通了师生联谊晚会、线上线下读书会以及观影的活动内容，还率先使用 QQ 群这一沟通渠道，为师生间学习社会主义核心价值体系内涵、同学

间交流中国特色社会主义理想信念提供平台。这种模式已经成为老师开设思想政治教育讲座前的"智囊团"，也是学校了解学生思想动态的"风向标"，更成为引领高校青年思想的"排头站"。

"红色旋律"QQ群建立之初，本是燕山大学马克思主义学院中国化马克思主义教研部党支部对新媒体教学的尝试和探索，其初衷在于延伸支部全体党员教师授课途径，运用新兴媒体提升思想政治教育教学质量，开辟"红色旋律"校园文化活动宣传平台。正因为即时通信工具开放、多元、包容的特征，所以校方也在学校官方主页上公布了互动交流群的号码以及申请加入方式，零成本、低门槛的QQ群现已群满为患，不仅吸引了燕山大学两千余名党员教师及青年学生参与讨论，并且也成为与省内外其他高校师生学术探讨的开放平台，网聊热议至深夜成为常态。

与"红色旋律"QQ群一样如火如荼发展的是大连交通大学辅导员工作群。众所周知，辅导员这一角色在高校的思想政治教育工作中起着至关重要的作用。他们是所有大学生大学四年里的向导。提升高校辅导员的思想工作水平，是思想政治教育工作最基本的部分，也是做好思想政治教育工作的关键。

2006年5月成立至今，大连交通大学辅导员群的群成员迅速增加，有众多相关职能部门的人员加入该群，组织部、宣传部、校办、校团委、计财处等部门年轻人也积极申请加入。迄今为止，该工作群已经取得了巨大成效，在辽宁省委宣传部、省委高校工委、省教育厅在全省高校中举办的大学生思想政治教育创新奖评选活动中，大连交通大学"思想政治教育QQ群"荣获大学生思想政治教育创新奖。大连交通大学辅导员工作群的设立，进一步推动了全省大学生思想政治教育创新发展，总结推广了成功经验，更好地发挥思想政治教育在大学生成才中的积极作用。QQ群把现实与虚拟、传统与流行科学有效地结合，QQ群在高校辅导员工作中的运用将是高校思想政治教育发展的必然趋势。

（二）手机移动网点对点分享价值观

我们正处于移动互联网初期，人们对于移动互联网的认识更多地停留在了APP应用上，移动应用正处于创业潮。手机移动网是信息传播的最主要载体之一，每一个智能手机用户通过他们的移动终端所接收到的资讯形式多样，不仅仅是文字、图像还有声音等多媒体。全国各大高校的思想政治教育工作者应当顺应时局，开设学校专用的手机移动网点，定期上传学校新闻资讯以及高校思想政治教育工作者的主张，在校学子用户可通过移动网点及时地了解校方持有的价值观，并发表自己的观点，从而实现"移动网点对点"信息和价值观的交流。

（三）经验分析

1. 兴趣聚合，便于主题讨论的深入

作为一种简单方便的交流方式，QQ群越来越受当代大学生的欢迎。QQ群的兴趣聚合功能使得具有相同兴趣的用户聚合在一起，便于用户一起讨论共同的主题，确立共同的目标。燕山大学"红色旋律"QQ群定位明确，旗帜鲜明地在群简介中说明了群组主要功能和目标群体，将群定位为"高举中国特色社会主义伟大旗帜，传播宣讲马克思主义"。

2. 线上讨论，便于教学活动的补充

传统教学模式主要使用课堂方式，是一种一对多的方式。为了保障课堂教学效果，这种方式往往也是少数人做主进行交流，其他人的意见难以得到有效表达。这种模式实际上对于学生来说压力很大。学生需要花费大量的时间去处理学习中的各种问题。总体上的结果是学习的效率很低。此外，思想政治教育课因其理论较为抽象枯燥，教师与学生间存在较大的代际差异和人生经历，加之现在的学生追求个性、标榜自我，叛逆行为在高校层出不穷，这都对教师授课提出了严苛的标准——不仅要按质按量完成授课任务，还需要开拓创新挖掘学生兴趣点，提升课堂互动参与度。

而QQ群的线上讨论功能则在一定程度上减轻了这个尴尬局面。学校可以通过QQ群这种即时媒体平台实现资源共享，师生可以通过QQ群这种即时媒体平台实现相互平等对话。学生则可以实现观点交流，彼此学习共同进步。这种方式实际上做到了教学环节的延长，实现各方观点的完整展示。每位参与者都可以自由抒发自己观点，增加线上教学的互动环节。同时，QQ群线上讨论也是对传统授课方式的有力补充，不仅延长了教学时间、增加了学生人数，而且还可以利用QQ群相册、QQ群日志、QQ群语音等多媒体功能丰富教学方式，真正做到了打破时空阻隔、突破常规思维。燕山大学思想政治理论课"红色旋律"特色教学活动自创办之初，就注重把传统教学与特色教学相结合，把课堂教学与网络教学紧密结合，为此"红色旋律"活动特开设了师生互动QQ群，配合"红色旋律"特色教学网站、精彩一门课网站、教师微博群等，提升了教学质量以及学生参与度。大连交通大学辅导员QQ群公告中则实时发布实践教学报告、历年试题以及精品课程授课老师等公共信息，有助于信息传递的高效、透明，也便于学生自助选课，对于辅导员工作开展也起到了重要推动作用。

3. 文件上传，学习资源实现共享

QQ群不仅仅是交流的即时通信工具，而且还整合了网络硬盘、电子邮件、群日志、群相册、群语音、群邮件的功能。这为多媒体教学资源的分享提供了重要的解决途径。

QQ群与网络硬盘作为私人备份空间的定位不同，群成员上传的文件可以在群共享中显示并免费下载，还可以通过自带的记录工具判断该资源的热门程度；群成员共享的照片也将被记录在群相册中，不设密码的特点让每位成员都可以自由浏览；群成员还可以发送群邮件，让所要传达的电子邮件在群内流通，省去了多次发送的苦恼和麻烦，且收件人关于该邮件的回复所有群内成员都可以看到，更体现出QQ群资料分享的便捷性—燕山大学"红色旋律"QQ群利用群共享的特点，不定期上传党团学习文件、考试安排、教学课件、活动照片，针对一些文件名模棱两可的资源，还可以选择通过预览功能先睹为快，更为迅速便捷地找到相关资料。"红色旋律"QQ群的群成员也自觉地将所见所闻、工作体会、学习心得、调研文章等及时上传至群共享，便于和其他同学进行及时有效的学习宣传、深入讨论和交流，促进学生共同进步成长。此外，群成员大部分都开通了自己的QQ空间，也时常将空间文章分享到群日志中，形成了一个气氛融洽、活跃度高的思想政治学习圈。

4. 聊天记录，便于思想动态的追踪

QQ群聊天记录不仅可以保存在本地硬盘中，也可以选择上传至网络硬盘备份，甚至可以通过群聊漫游功能让聊天记录在不同移动终端间共享，这不仅方便调取相应时间节点的对话信息，也有助于校方了解学生的思想动态变化。对同学而言，QQ群聊记录见证了探讨交流、学术思辨的观点和过程，可以很轻松地通过搜索引擎检索相关关键词，从而调取某一特定时间段的对话片段，并从中获取感兴趣的信息；对高校而言，聊天记录可以反映出参与其中的学生心理变化的过程，通过长期观察，形成一个较为完善的追踪反馈体系，并可以从聊天记录的语言、话题以及表情符号预测未来心理动态和情绪变化，对于一些过激言论或是负面情绪可以进行前期疏导，依托即时通信工具虚拟性特征，弱化对话双方语调、动作和表情等因素，使得二者的谈心交流更加顺畅，谈话时也将消减紧张感。

例如，燕山大学"红色旋律"QQ群管理员和指导老师从大处着眼、小处着手，从群聊的只字片语中便可进入反映学生思想动态的微观领域，也能帮助老师学会站在学生的位置上去思考问题，方能感知学生的价值判断、思维特点以及行动动向，探索出学生所能接受的教育内容、教育形式和教育方式。

对学生思想动态的把握和追踪是辅导员一项重要的工作职责，也是关乎高校思想引领成败的基础性工程。大连交通大学辅导员QQ群群内成员在网络上卸下了心理负担，在群内讨论的话题也较为开放，表达的想法较为真实。辅导员可以通过查看QQ群聊天记录的方式对学生的思想动态进行跟踪，一旦发现学生情绪波动或是情感异常，辅导员可以及时疏导，通过沟通交流、联系家长或同学互助的方式，帮助学生缓解压力、渡过难关。

5. 群聊管理，便于网络舆论的把关

QQ群作为网络交流工具，其最突出的特点便在于虚拟性，参与群聊者的姓名、年龄、身份都可以造假或是选择加密。一方面，学生和老师之间可以凭借这层虚拟的身份，淡化现实生活中学识、身份、地位的差异，平等地进行交流。同时，因为暂时剥离了社会属性，双方也不会担心说错话而对现实生活造成影响，学生也可以将内心中最真实的想法和最真切的思想现状表达出来，大胆提出个人独到见解，或是通过语言文字宣泄内心情感，展示出个体最本真的状态。因此，收放自如的言论自由度让每个人都可以畅所欲言、建言献策，从而达到网络问政、参政议政的目的。另一方面，也因为虚拟的网络身份，有些别有用心的群组成员也会利用即时通信工具散布谣言和不实信息，给当事人造成不良影响。鉴于网络信息量多、受众面广、波及面大，因此追查难度大，维权可能性小，都给了不法分子可乘之机。

例如，大连交通大学辅导员QQ工作群中群成员由相同工作性质和工作职能的老师构成。作为老师，一方面具备启发思考、引导话题的学术积淀；另一方面也博得了相当程度的心理认同感，通常情况下经常在群内延续传道授业、总结归纳的师者身份，引导舆论，带动学生参与探究交流。作为益友，一方面其身份具有天然的情感认同，更能够组织志同道合的同事形成学习帮派，互帮互助；另一方面也更能够在观点不统一或是意见相左的情况下，以学友的身份进行调解，缓解紧张气氛，恢复和谐融洽的讨论氛围。

无论是学习型QQ群，还是工作交流型QQ群，管理员在其中都扮演了非常重要的角色，不仅需要审核人群申请、督促群成员修改个人信息、制造群内讨论话题、定期清理闲杂人员，还需要时刻留意群内言论，一旦出现淫秽色情、反党反动、虚假广告等消息，需要及时删除并清退当事人，维护群内和谐融洽的讨论氛围，保持群内纯洁的语言环境。此外，管理员还可以凭借自身身份优势引导话题走向，适时将有悖普世价值的舆论引向积极、正面，让身处其间的群成员真正享受"海内存知己，天涯若比邻"的归属感。

网络传播时代是指以一系列高新传播科技为基础，利用网络进行信息传播的时代，网络特别是即时通信工具为教育与受教育者提供了平等交流的机会，网上交流的开放、包容、匿名、自由，为广大师生提供了畅所欲言的机会，成为反映师生思想状况的"晴雨表"，同时也是进行思想政治教育的最佳载体和有效途径，我们要按照"积极发展、加强管理、趋利避害、为我所用"的方针，为学校开展深入细致的思想政治教育打开方便之门。

（三）经验的实现路径与启示

1. 加强网络监管，建立约束机制

网络人员鱼龙混杂、网民素质参差不齐、网络信息良莠不齐，加之QQ群申请加入门槛低、虚拟性高，一方面可以聚集大量兴趣爱好相同的网民共同讨论话题；但另一方面，也为某些不良信息传播大开方便之门。身份的虚拟性导致辨识难度提高，一些别有用心之人利用网友公开的QQ资料进行诈骗，凭借与被害人只字片语的交谈骗取信任，伺机实施违法犯罪行为。因此，需要加强网络监管，建立举报机制，一旦发现可疑情况，网友可以随时举报，在提供相关证据并被证实的情况下，QQ群管理员或是监控平台的监控人有权对其进行处理，如有必要或造成了较为严重的不良影响，还可适当追究法律责任。相关约束机制的建立也是保持网络纯洁性的一个途径，不仅需要依靠群内成员的监督举报，也对管理员提出了更高的要求，一旦发现淫秽、色情或是诈骗信息，管理员需要及时利用自身权利，通过劝退或删除等方式定期清理群组内言行不当的组员。

2. 倡导网络公德，做文明的群成员

因QQ的虚拟性和身份的隐蔽性，网民在网络上相比于现实生活中承担了更少的道德义务，也造成了一系列隐性的问题。在群组内，所有的群成员取消了一切社会赋予的价值标签，无论是性别、地位还是职务都被隐藏起来，所有参与者都是平起平坐的。然而，青年群体一直是以知识受众的身份处于被动压抑的地位，直抒胸臆、追求个性张扬是青年学生的利益诉求。因此，网络的虚拟性和大学生的需求结合在一起，很容易造成部分青年学生将多年来的负面情绪肆意散布到QQ群组中，以求得发泄；同时，学生的学业负担和工作竞争压力也使得其较容易出现情绪波动，一旦在群组中遇到有着相似经历的网友，双方容易产生情感共鸣，进而在群中扩散负面情绪，造成不良的社会影响。

因此，高校应该加强网络公德教育，告诫学生不能违反国家相关法律规定从事违法犯罪活动，如发现不良苗头需要对其进行教育引导，开设相关课程提高学生网络素质。同时，作为大学生，参与讨论的QQ群组成员也需要提醒自己保持100%"慎独"的品德，无论网络虚拟与否，大学生都要考虑自身言行所造成的影响，并承担由此所带来的一切后果。

3. 加强网络引导，培养意见领袖

网络无国界，其自由度高、信息传递快，便于思想和信息交换和交流。同时，参与QQ群组讨论的网民并非单向接收信息，而是具有互动性的特征，每个人都可以参与其中

表达自身观点，充分保障了言论自由的权利和思想的交流传播。然而，这也造成了网络缺乏主流意见的引导效应。它以一种相对安全的方式隐藏了自身的身份，并借助虚拟的、符号化的代号发泄情绪，导致了无聊主义和庸俗主义的泛滥，很可能造成虚假信息漫天飞，为了发泄内心的不满情绪而随意诽谤他人，这让缺乏理解能力和辨别能力的大学生很容易陷入盲从和否定两个极端。

QQ 群的管理员只是一个授权管理群内信息的委托人，其权利和职责有限，只能在自身职权范围内行使清理广告、清退组员和举报信息的权利，无法彻底对网络状态进行监控。青年学生追求个性、性格解放的特点也让批评声音较之于赞扬声音更为繁多，无形中增加了网络言论的"对立面"，增加了沟通和理解难度。此外，网络使部分学生陷入了情绪化的一种思想状态，造成他们在长时间内与现实脱节、深陷于网络之中不能自拔，长此以往他们便会渐渐丢失个人的世界观、人生观、价值观，也会置亲人的期望于不顾，偏离自己的奋斗目标和努力方向，唯有虚拟网络使他们有归属感。因此，相关职能部门需要在网络舆论的引导方面加大力度，对于一些校内学生的不良发言，不应该简单清退成员、一删了之，学生会对刻意压制、一味打压的做法感到反感和厌恶。平等对话不失为一种行之有效的解决方法，辅之以联系言论作者、探求事件真相，在充分分析后做出回应，把握整个事件的走向。QQ 群管理员需要密切关注学生的动态，对热点问题及时予以答复和澄清，及时发现和处理紧急情况，迅速将问题上报相关职能部门进行反馈处理，必要时予以说明、解释或反驳，形成良性互动的局面和正确的舆论导向，以正视听。除此之外，QQ 群管理员还需要重视群中意见领袖的作用，利用其在大众传播效果形成过程中所起的重要的中介或过滤功能，由他们将信息扩散给受众，形成信息传递的两级传播。作为追随者心目中价值的化身，意见领袖是其追随者所愿意追随和模仿的，在某种程度上都会形成正向的价值导向，通过塑造意见领袖，把握话语权，引导舆论走向。

第三节　利用手机媒介拓展大学生思想政治教育渠道

随着我国 5G 移动通信技术的逐渐普及，手机网络用户急速增长。手机媒体的便携性、即时性特征已经逐渐有超越电脑网络发展的趋势。这就说明在网民中移动终端网络正在不断发展起来。基于此，大学生思想政治教育有必要和这种正在不断发展着的信息平台联通起来，以实现信息传播的高效化。对于大学生来说，这种传播方式相对于电脑网络更加及时。大学生不可能一直待在电脑旁边，但是却可以一直带着手机。这种即时的通讯方式对于大学生来说显然能够更快地实现信息传播与沟通。

一、手机媒体的特点及新动向

（一）手机媒体的特点

手机媒体是以手机为视听终端的个性化信息传播渠道。随着现代通信技术和手机产业的发展，手机媒体已经逐步实现了广播电视网络、电信网络和互联网络的合一化。各种传统的媒介方式都可以通过手机进行传播。产业发展的结果就是带动了我国手机媒体行业的快速发展，迅速占领网络使用人群。大学生也不例外。《大学生手机上网情况的调查与分析》中，揭示了当前大学生拥有手机的比例以及使用手机的规律。这份调查报告显示，约有98.7%的大学生使用手机上网，而大约有94.5%的大学生每天至少使用手机上网半小时以上。中国传媒大学广告学院杨雪睿老师也指出，大学生中拥有手机的比例已经达到94.9%，大约有86.7%的大学生使用手机的时间超出了1小时。这两份研究说明，手机媒体在大学生群体中已经非常普及，开展大学生思想政治教育同手机媒体的结合也显得十分必要。

作为一种可携带的移动终端媒体，手机媒体的信息传播速度更快。智能手机系统的推送功能能够及时提醒大学生思想政治教育平台发布的各种信息。大学生也能够借助推送提醒及时向其他主体发布消息。手机本身就有多媒体功能。手机视、听、录功能非常完善，可以及时进行摄制和发送。重大突发事件现场信息能够通过手机媒体进行快速传播。

手机媒体的另外一个功能就是每一个手机用户都可以成为记者，都可以成为信息的发布人。传统媒体中，信息传播是单向的，受众只能接受信息。而在手机媒体中，传播方式却是多样的。大学生可以实现信息的双向传播。信息的摄制与结合能够实现交流方式的多样化。

（二）手机媒体的新动向

在拥有巨大的手机用户群且手机具有自身特性的前提下，手机媒体有着巨大的发展空间。目前，手机媒体已经有庞大的用户，而且潜在的用户市场更大，有着庞大用户群的手机媒体必将要迎来黄金发展期。

1. 更符合大众阅读趋势的变迁

随着都市生活节奏的不断加快，人们将更善于充分利用等车、等人、候机等无聊时间或者乘车、如厕等空隙时间来获取信息和娱乐。这些碎片化的时间较为分散，无法从事连贯性较强的工作，却适合随时随地掏出易携带、及时性强、具备网络连接功能的手机阅读资讯。在"劳逸结合"思想的引导下，人们有一定娱乐需求和信息需求，手机报运营者可以抓住个性化，量身定做分众信息，定制性强、便携轻便的手机契合了大众阅读趋势的变化，成为移动网络市场的主力军。

2. 将以网络媒体的现有架构为基础来发展

无论是手机报、WAP 网站还是 CMMB 提供的信息，依然具有欠标准化、信息量少等缺陷，不能满足读者个性化、定制化的需求，这也注定这些形态只是手机新媒体的过渡形态。未来手机媒体必然以巨型的娱乐信息平台为基础，并利用互联网的技术为驱动。真正将互联网为基础的海量信息推送到手机桌面和待机通知栏中，实现个人电脑网络与移动网络之间的衔接。以读者需求为导向，为读者提供个性化、定制化的信息，并在此基础上实现分层娱乐信息收费。

3. 多机体多功能聚合的软硬件基础

手机媒体发展的物理基础在于手机设备的功能，未来手机将逐步从打电话、发短信的基础通信功能中延展开来，使得手机成为人类智能和劳动行为的附加工具。在人类衣食住行各个方面发挥作用，例如手机刷公交车票，手机付款购物，手机导航，手机测量体检，手机物流等，由于其平台的空间是海量的甚至是无限量的，手机媒体就有能力和意愿最大限度地吸引用户，而且由于其存储空间海量，也就能更好地满足用户的个性化需求，进而搭建大型平台进行资源协同和共享，并在此基础上开展增值业务。通过多机体多功能的聚合，一部无法定义功能的机器将彻底改变人类的生活。

4. 给传统媒体带来更大、更严峻的挑战

电信运营商手握巨大的用户群，掌握着潜在商机，一方面面临着传统业务拉力不足，无法满足其预期商业利润额，因此急需寻找新的业务增值点来实现转型，也即从通话消费为主转变为以流量消费为主。据国外媒体报道，移动互联网这一信息服务业新兴形式将带动自身流量大幅度提升，助力通信业的快速发展。因此，电信运营商必将大力发展手机媒体业务，三大运营商已是"兵马未动，粮草先行"，如火如荼的 4G 业务和崭露头角的 5G 网络服务都能看出其三分天下的野心。另一方面，Google、苹果、微软、腾讯、新浪等以

技术起家的媒体公司也开始进军手机媒体业务。由于手机媒体业务对技术的依赖性很强，这些新技术公司将在未来的手机媒体业务领域将占据极其重要的位置。

二、手机时代思想政治教育的点对点范式

（一）手机报点对点传递分众资讯

手机报，是最新电信增值业务与传统媒体结合的产物。换言之，就是将纸媒体的新闻内容，通过无线技术平台发送到用户的手机上，使用户能通过手机阅读到当天报纸内容的一种信息传播业。现如今，手机又被称为"第五媒体"，其具有即时接收和动态传播的特点，用户能随时随地接收相关资讯，并且成为资讯新闻的传播者，传播者依据不同个体自身的特点与状况筛选出适合的资讯针对性地发送给个体，接收者最大限度地利用个体所需的资讯，这就是"分众资讯"的实现，也是"点对点"的具体外化形式。"分众"传递避免了资讯传播过程中的盲目性，提高了资讯传递的利用率，最直接减少人力物力的投入与消耗。

（二）手机二维码点对点挖掘教育菜单

随着5G时代的到来以及手机、平板电脑等移动终端的普及，使得二维码这种新的信息传递方式迅速发展，目前已被大量应用于商业领域，但在教育领域应用很少。因此，在教学教育方面发展新型信息传递方式——二维码，成为当今手机媒体时代的必然趋势。高校思想政治教育工作者应当探索手机二维码在教育教学现实情境中的运行机制和模式，从而建立手机二维码在教育教学上的应用模型，将其具体化实施。例如，高校可以建立校园官方的二维码，大众即可利用随身携带的手机扫描其二维码，进而在短时间内扫描出学校的相关资讯，免去了网页搜索引擎逐级筛选的步骤和时间，教育高效化程度大大提升。手机二维码的应用使教育不仅仅局限于口授的"一对多点"，而是拓宽为"一对一点"的新形式。

（三）手机媒介点对点播报活动现场

手机媒介形式多样，但无论是以文字为主体的短信，还是以图像为载体的摄像，其都具有开放性和参与性、个体信息传递的交互性、空间时间的无限性等特性，这些特性都有利于资讯的即时传播与交流，以及现场活动的直播。4G、5G手机多媒体软件支持手机视频直播、手机图文直播、手机社交媒体直播等多种方式，可以随时深入活动现场，发布

最核心、最直接、最真实的信息。近年来，多起突发性事件、案件事故都是在手机媒介的播报下，传播了信息、保留了证据、播报了资讯二例如中央国家机关工委宣传部联合人民网主办的"手机联动十八大方寸之间传党声"活动，就通过进入中央国家机关相关场地现场安装下载"人民日报""人民新闻"客户端，引导党员干部通过手机客户端随时随地关注十八大报道。手机媒介不仅在基层群众中广泛被使用，也深入国家上层机关之中，所以手机多媒体在社会中的普及成为可能。

（四）手机社交点对点联通青年情感

手机社交是一种真实的青年思想动态的反映。在手机社交网络（MSNS）中，大学生会针对一些普遍关注的校园和社会热点问题进行交流、讨论，甚至毫不保留地发表各自的观点、意见。我们则通过对其进行收集、整理、分析，找出学生的思想动态，从而更好地做好学生思想政治教育工作。青年是当下手机时代的主要用户，他们紧跟时代步伐，把握思想潮流方向，借助微信、QQ、微博等社交工具，随时随地联系好友，实时更新好友动态，联通青年情感，拉近了人际交往的距离。手机社交工具实现了个体对个体的交流联系、个体对群体的社交沟通，实现了从一点对一点再到一点对多点的跨越。

三、手机媒介对大学生思想政治教育带来的影响与机遇

（一）手机媒介开展思想政治教育的负面影响

作为新生事物的手机新媒体，虽然有着比其他媒体相对的优越性，但在思想引领过程中却存在诸多缺陷，产生了许多不容忽视的潜在问题。目前，新媒体作为单纯技术层面的考量，人们大多要求在效率和性能上有所提升，对其更快、更方便、更广博有所要求。但是片面追求这种工具理性，容易忽视其背后的价值理性。目前对于手机新媒体的偏好，及其不恰当和不适度的使用致使手机穿插进了人们的休息时间，挤占了人们的生活空间。更进一步讲，由于手机使用习惯等问题，手机新媒体思想政治教育工作也产生了一些负面影响，主要有以下四类。

1. 大学生思想引领的片面与单向

手机新媒体目前还存在形式单向、内容不全面的问题。首先，手机报、彩信等手机新媒体虽然达到了点对点的精确，但由于系统发送方式导致无法实现个人回复信息和交流互动。而人工编辑发送短信，操作成本又较高、效率偏低。

在目前技术设计中，手机新媒体不利于思想政治教育工作者和大学生之间互动，不利于资讯反馈。再者，手机新媒体借助手机信息为传播媒介，其有限的信息量成为瓶颈。短信、彩信、手机报，囿于手机屏幕大小的限制和空中移动数据传递的限制，在大流量或是大内容的传输方面处在劣势。所以，即使手机新媒体以其独特的媒介交流方式和娱乐体验方式，改变着人们的思维方式，但人们所接受的信息仍是有局限性的。最后，缺乏用户需要的反馈，使得基于商业目的的手机新媒体传播影响了手机报的进一步普及和被认可。广告、网络书刊、千篇一律的贴士信息，缺乏引领青年的方向标，同时也束缚青年的思维，使其缺乏独立思考能力。这些信息虽然丰富但是良莠不齐，较易造成青年人思想混乱、迷失自我，所带来的负面影响不可忽视。

2. 大学生课堂教育与学习的失衡

大学生依赖手机新媒体，并不单单是借助手机的便利性对学习产生的助益功能。课堂上使用手机会影响正常教学秩序。不少大学生在学习过程中并没有按照要求将手机关闭或是调至静音状态，无时无刻地信息推送服务使其迫切想了解发生了什么，过度关注手机自然而然使得学习效率大大降低；有的大学生在课堂上用手机发微信、浏览网页、看小说、聊QQ已成习惯，甚至还有部分学生公然在课堂上打电话，不仅使自身听课过程注意力不集中，还影响了他人的听课质量。与此同时，伴随着手机上网越来越便捷，人们的阅读方式也在悄然发生改变。过去人们习惯阅读报纸和观看电视，现在，报纸和电视似乎已经渐渐被手机和网络取代，人们已经习惯于从互联网上获得新闻和资讯。虽然互联网络信息量巨大、交互性强，但人们在通过手机进行网上阅读的时候常常是一扫而过热点信息，没有仔细阅读和深入思考，渐渐丧失了心平气和的阅读习惯，造成现在的人们急功近利、心浮气躁。

3. 大学生人际交往的障碍与信任流失

大学生过度依赖手机会带来人际交往障碍。手机的出现构建了新型的社交平台，因其具有虚拟性从而降低了正面交际的紧张感，但是如果过度依赖手机进行人际交往，则必然会挤占现实交往时间。

（二）手机媒介对大学生思想政治教育带来的机遇

1. 拓展了大学生思想政治教育的时空

手机媒介具有信息传播的便携性与即时性特征，对于大学生思想政治教育来说，这实际上加速了大学生思想政治教育信息的传播，也提高了大学生思想政治教育涉及的范围。借助于手机，信息可以在第一时间实现传播，各个角落的事情都可以融入思想政治教育的平台上。清华大学校园开发出了"即刻清华"的手机 APP。清华大学校园内的任何事件都可以在这个 APP 中得到浏览，校园课堂生活等一切相关信息都能够浏览下载。清华大学的学生如果有什么需求和供应也可以通过这个平台实现即时性的信息交流。

2. 提升了思想政治教育的亲和力

手机媒介使得高校思想政治教育中的主客体发生了改变，高校思想政治教育主体从传统的主导者、权威者转化为引导者、参与者，成为学生信息处理的组织者，而学生从被动的教育客体转化为自我管理和自我教育的主体，不仅能在教育活动中主动获取信息，也能成为信息的发布者、评论者和反馈者，实现了双方沟通地位的平等，使得大学生思想政治教育工作过程充满互动性和融合性。

思想政治教育工作本身是一个非常严肃的工作，开展起来说理性比较强。然而，对于处于叛逆和社会经验增长的大学生来说，这一点是他们最为反感的。而手机媒介的这个特征刚好解决了这个问题，使得信息能够以一种更为亲和的方式进行有效传播，提高了大学生的认可程度。

3. 增强了思想政治教育的效果

手机媒介自带的多媒体传播方式在一定程度上提高了大学生在信息传播方面的能力。大学生能够使用手机摄像头进行高清的视频和图片采集。经过一定的训练，大学生就能够将采集的信息形成一个声情并茂、情感激发的一篇文章，起到思想政治教育的传播作用。手机媒介还帮助大学生及时获取其他大学生发布的信息，不一定是同学，但是同样能够起到一定的启发作用。

在信息发布和接受渠道上，大学生的选择很多，可以是微信、微博和 QQ，也可以是学校自建的 APP 平台。

四、运用手机媒介开展大学生思想政治教育的方法与对策

（一）加强学习与培训，提升思想政治教育者的信息素质

思想政治教育者的信息素质总体上包含三个方面，分别是对待信息技术的态度、对待信息的意识和使用信息技术的水平。

首先，在对待信息技术的态度上，广大思想政治教育工作者要采取包容的态度，积极看待信息技术的发展。信息技术在发展，而且应用范围越来越广。这已经是不可阻挡的

一个重要趋势。广大思想政治教育工作者要认识到这一点。在大学生思想政治教育工作中，广大思想政治教育教师要积极关注信息技术的发展，探讨未来信息技术同高校思想政治教育结合的可能性。

其次，在信息意识上，广大思想政治教育工作者要敏锐，对待信息技术的发展要高度敏感，及时捕捉、分析和判断手机媒介中的新信息，加强新信息与传统教学方式的结合，拓宽大学生的视野，增加其学习的主动性、积极性，启迪大学生的思维，帮助大学生采取正确的态度去认识世界。

最后，在使用信息技术的水平上，高校思想政治教育工作者要了解到手机媒介发展的趋势，提高自己使用手机媒介的能力，有效利用各种信息采集和发布软件，动态地与学生交流。

在信息素质的三个组成上，信息技术的应用能力是高校思想政治教育工作者信息素质的主要体现。在这一点上，广大思想政治教育工作者要有准确的认识，学习和掌握当下最为流行、应用最为广泛的技术，最终实现自身信息素质的不断提高。

（二）利用手机媒介开展日常服务与教育高校思想政治教育

工作者使用手机媒介的目的在于加强高校思想政治教育工作，做好学生日常服务。这一点，广大思想政治教育工作者一定要有清醒的认识。在日常工作中，广大高校思想政治教育者要做到以下几个方面。

第一，高校思想政治教育工作者要开展好教育工作，集中通过短信、红色主题网站、手机报、手机 APP 等渠道引导大学生思想政治教育的方向，实现校园舆论的有效引导。

第二，高校思想政治教育工作者可以通过手机媒介对大学生进行社会经验教育。大学生最缺乏的就是社会经验。针对手机诈骗、社会传销等，他们的防范意识还显不足。针对这一点，广大高校思想政治教育工作者，要有清醒认识，在日常工作中服务大学生。

参考文献

[1] 董杜斌."微时代"大学生思想政治教育研究 [M].北京：冶金工业出版社出版，2020.

[2] 宋阔.微时代背景下高校思想政治模式研究 [M].长春：吉林出版集团有限责任公司，2020.

[3] 许建宝.微时代背景下的高校思想政治教育 [M].长春：东北师范大学出版社，2017.

[4] 杨睿.微时代背景下大学生思想政治教育创新研究 [M].吉林出版集团股份有限公司，2020.

[5] 李小丽.微时代高校思想政治教育话语分析及发展前沿问题探究 [M].北京：新华出版社，2017.

[6] 奚冬梅，胡飒.高校思想政治教育教学与实践研究 [M].北京：光明日报出版社，2018.

[7] 陈胜国.新时代高校思想政治教育创新发展研究 [M].北京：印刷工业出版社，2019.

[8] 肖国香.新媒体时代高校思想政治教育十论 [M].长春：吉林文史出版社，2019.

[9] 刘远志，张九波，乔慧.新媒体时代大学生思想政治教育探索 [M].北京：中国商务出版社，2019.

[10] 理阳阳.基于网络时代视角的高校思想政治教育研究 [M].北京：研究出版社，2019.

[11] 胡飒，奚冬梅.高校思想政治教育教学与实践研究 [M].北京：光明日报出版社，2017.

[12] 行连平.新媒体时代高校思想政治教育模式探究 [M].北京：九州出版社，2018.

[13] 斯琴高娃.新媒体视角下的高校思想政治教育研究 [M].延吉：延边大学出版社，2018.

[14] 王凤双.互联网时代高校思想政治教育的解构与重建策略研究 [M].北京：九州出版社，2018.

[15] 高红艳.思想政治教育教学实践论 [M].成都：西南交通大学出版社，2016.

[16] 沧桑."微时代"高校社会主义核心价值观教育研究 [M].北京：九州出版社，2020.

[17] 谭晓燕.新媒体时代下高校思想政治教育创新路径研究 [M].沈阳：辽宁大学出版社，2018.

[18] 刘华丽，王喜荣．新媒介环境下高校思想政治教育效果研究 [M]．北京：知识产权出版社，2016．

[19] 段佳丽，罗怀青．新媒体时代大学生思想政治教育研究 [M]．北京：光明日报出版社，2016．

[20] 李杨，孙颖，李冠楠．新媒体时代的大学生思想政治教育教学研究 [M]，长春：吉林大学出版社，2016．

[21] 龙妮娜，黄日干．新媒体与大学生思想政治教育研究 [M]．北京：光明日报出版社，2016．

[22] 洪涛．新媒体时代议程设置嵌入高校网络思想政治教育研究 [M]．北京：光明日报出版社，2016．

[23] 余斌，余远富．思想政治教育研究 [M]．桂林：广西师范大学出版社，2016．

[24] 吴布林．新媒体背景下红色文化资源利用与大学生思想政治教育成效性研究 [M]．徐州：中国矿业大学出版社，2016．

[25] 王来法．思想政治理论教育新探索 [M]．杭州：浙江工商大学出版社，2016．

[26] 段艳兰．信息全球化背景下的高校思想政治教育 [M]．长春：吉林大学出版社，2016．

[27] 覃川，戚天雷．媒介化生存与大学生成长 [M]．北京：中国传媒大学出版社，2016．

[28] 艾四林．新形势下全面从严治党的理论与实践研究 [M]．北京：中国文史出版社，2016．

[29] 陈华兴．马克思主义理论研究 [M]．杭州：浙江工商大学出版社，2016．

[30] 李光辉．当代中国大学生道德修养与法律素质探究 [M]．重庆：西南师范大学出版社，2016．

[31] 马魁君，武宝林．海运高职教育探索与实践 [M]．大连：大连海事大学出版社，2016．

[32] 张海防．研究生社会主义核心价值观认同现状及对策研究 [M]．北京：光明日报出版社，2016．

[33] 唐一科．重庆民办高等教育改革创新与实践论文集 [M]．重庆：重庆大学出版社，2016．

[34] 丛森，方建军．应用型精品学院研究与实践 [M]．北京：知识产权出版社，2016．

[35] 汪青松，秦文，黄红．马克思主义中国化研究前沿报告 [M]．上海：上海社会科学院出版社，2016．

[36] 王楠．大学生思想政治教育创新研究 [M]．延吉：延边大学出版社，2017．

[37] 王渊．基于科技伦理视角的大学生网络道德教育研究 [M]．武汉：中国地质大学出版社，2017．

[38] 赵汉杰. 当代大学生思想政治教育的创新研究及新媒体路径的实践探索 [M]. 北京：中国书籍出版社，2017.

[39] 徐达，陈蓉蓉，董杜斌."微时代"思政教育生活化的挑战及其应对路径 [J]. 教育评论，2020（5）.

[40] 李轩航. 论微时代思想政治教育话语权的建构 [J]. 顺德职业技术学院学报，2019，17（1）.

[41] 许倩，武剑英. 微时代高校思政教育改革探讨 [J]. 中学政治教学参考，2022（9）.

[42] 李海艳，朱丹. 微时代高校思想政治理论课教学创新研究 [J]，2022（14）.

[43] 王东红，陈晓琳. 微时代思想政治教育创新路径探析 [J]，2021（2017–5）.

[44] 闵令珍，崔弘，田溪. 微时代高校思政课教育方法创新研究 [J]. 大学：社会科学，2020（9）.

[45] 张坤."微时代"背景下思想政治教育的导向功能 [J]. 青年与社会，2020（22）.

[46] 刘丽琴."微时代"背景下高校思想政治"微教育"探析 [J]. 学校党建与思想教育，2019（4）.

[47] 王心悦. 微时代思政课实践教学模式创新探析 [J]. 商情，2022（31）.

[48] 马志刚. 微时代高校思政教育工作开展策略研究 [J]. 灌篮，2021（26）.

[49] 杨伟丽. 微时代高校思政课教师媒介素养提升研究 [J]. 大学：研究与管理，2022（2）.

[50] 单吉峰，李许朋. 以创新精神引领"微时代"思想政治教育新风尚 [J]. 基层政治工作研究，2021（1）.

[51] 肖叶君. 微时代高校思政课教师媒介素养提升研究 [J]. 农村经济与科技，2020（1）.

[52] 陈述芬，王静，秦颢馨. 微时代高校思想政治教育路径探析 [J]. 唐山师范学院学报，2020，42（3）.

[53] 彭杰."微时代"思想政治教育的创新策略 [J]. 延边教育学院学报，2020，34（1）.

[54] 杨文玲. 微时代高校思想政治教育宣传新载体的构建 [J]. 创新创业理论研究与实践，2019，2（14）.

[55] 孙莹."微思政"：微时代高校思想政治教育新模式的构建 [J]. 新丝路：下旬，2019（16）.

[56] 刘艳婷."微时代"思想政治教育课教学模式改革分析 [J]. 侨园，2019（6）.

[57] 佘林芳，郑倩."微思政"：微时代高校思想政治教育新模式 [J]. 智库时代，2019（40）.